ALBERTO PERUFFO

LE BATTAGLIE DEL BARBAROSSA

DA CARCANO A LEGNANO

AUTORE

Alberto Peruffo, nato a Seregno nel 1968, laureato all'Università degli Studi di Milano. Ha cooperato con la Sovrintendenza archeologica di Milano. Collabora con alcune riviste di storia, insegnante di storia. Ha pubblicato i seguenti saggi storici: "I corsari del Kaiser" "Marvia editrice", Lega Lombarda 1158 – 1162. La battaglia di Carcano, "Chillemi edizioni", Il trionfo della Lega Lombarda 1174-1176, "Chillemi edizioni", La supremazia di Roma, battaglie dei Cimbri e dei Teutoni, "Keltia editrice", Storia militare degli Ostrogoti, da Teodorico a Totila, "Chillemi edizioni". Le guerre dei Popoli del Mare, "Edizioni Arbor Sapientiae", I soldati della divisione testa di morto, Le divisioni panzer delle SS in Italia, La battaglia di Cortenuova, la battaglia di Cornate d'Adda e la battaglia di Capo Colonna per Soldiershop.

LE BATTAGLIE DEL BARBAROSSA - **da Carcano a Legnano** - Di Alberto Peruffo.
Seconda edizione Dicembre 2022. Luca Cristini Editore. ISBN code: 97888932729093.
Code: **SPS-092** Ricerca iconografica e cover di Luca S. Cristini
STORIA è un trademark di LCE, via Orio 33/D - 24050 Zanica (BG) ITALY. www.soldiershop.com

ALBERTO PERUFFO

LE BATTAGLIE DEL BARBAROSSA

DA CARCANO A LEGNANO

3

▲ L'aquila imperiale la cui effige cappeggiava sugli stendardi di Federico di Svevia imperatore del Sacro Romano Impero.

INTRODUZIONE

Anche Federico I Hohenstaufen, detto il Barbarossa, come già avvenuto per gli altri sovrani tedeschi, calò in Italia per prendere possesso dei suoi domini e regolarne la realtà politica. Questo diritto, radicato da alcuni secoli, nacque un tempo in virtù dell'alleanza, tra Carlo Magno e il Papa, suggellata la notte di natale dell'800. Alleanza che con la dinastia sassone degli ottoni diede origine al Sacro Romano Impero[1] nel X secolo della nostra era.

Da allora i re tedeschi vennero a Roma per essere incoronati imperatori e la politica tedesca divenne inestricabilmente connessa a quella italiana.

Ben sei volte Federico I scese in Italia durante il suo lungo regno. Il suo interesse per questa importante provincia dell'impero era dovuta ad un rinnovato consolidamento della dignità imperiale da parte del Barbarossa, la cui politica risulterà sempre tesa all'espansione e al rafforzamento dell'autorità dell'impero nelle marche più periferiche del regno, tanto da riuscire ad estendere l'autorità imperiale presso i regni di Danimarca e di Boemia e, almeno nominalmente, presso le più importanti corti europee dell'epoca.

La corona dell'Italia settentrionale era associata a quella tedesca, dal tempo di Ottone I, in cui il titolo della sovranità era detto, un po' impropriamente, Regno d'Italia.

Il potere effettivo degli imperatori sul regno italiano variò tra il X e il XII secolo, così come variarono le condizioni sociali e politiche dei territori a sud delle Alpi nel corso di quegli anni.

Già durante il tempo degli Ottoni vi furono contese tese a contrastare i sovrani d'oltralpe. Estenuante fu il conflitto che vide l'ultimo re d'Italia di origini italiane Arduino d'Ivrea in opposizione ad Ottone III e, successivamente, Enrico II. Arduino era appoggiato dalla classe sociale detta "dei secondi militi" cioè dei feudatari minori in opposizione a grandi feudatari e ai nuovi poteri cittadini che solo allora uscivano da una lunga crisi che portò alla rinascita dei comuni.

Nella successiva lotta per le investiture la struttura del Regno d'Italia non subì cambiamenti rimanendo in saldo possesso dell'impero. Ciò si deve anche alla sostanziale indipendenza lasciata alle signorie di quei luoghi, e, in particolare, alle emergenti realtà comunali.

E' importante notare che tutte le lotte che si susseguirono in Italia nel corso del medioevo contro il potere imperiale ebbero solo in minima parte una connotazione nazionalistica antitedesca, così come erroneamente tramandatoci dalla storiografia risorgimentale ottocentesca, né volevano stravolgere l'ordine costituito, riconoscendo sempre l'autorità dell'imperatore anche nei momenti più aspri dello scontro. Il contendere nasceva sempre per affermare una nuova classe sociale o nel tentativo di affermare una egemonia territoriale.

Milano è il caso più emblematico, dopo un lungo periodo di decadenza, a seguito anche delle tremende distruzioni delle guerre gotiche del VI secolo, nel secolo XI la città conobbe uno straordinario sviluppo economico e, di conseguenza, politico. Progresso favorito anche dalle difficoltà della più importante città della pianura padana dell'epoca; Pavia, il cui onore di essere una capitale imperiale andava a discapito delle istituzioni comunali, impedendo all'antica Ticinum di divenire la città egemone nella regione.

Nel Regno d'Italia, a partire dall'XI secolo, si andò così a creare una situazione di anarchia, in cui ogni realtà cittadina lottava contro l'altra per l'egemonia e tutti i comuni contendevano in ogni modo il dominio alle istituzioni feudali della campagna. Questa situazione era particolarmente accentuata in Lombardia e particolarmente per la città di Milano dove, i feudatari locali, già nell'XI secolo, erano

---

1 Il termine Sacro verrà aggiunto proprio da Federico Barbarossa in una lettera del 1157 in cui si chiedeva un intervento deciso contro le città lombarde.

venuti a patti con le istituzioni cittadine. Ciò si ebbe a partire dalla politica spregiudicata e accorta di Ariberto d'Intimano e, successivamente, dai primi del XII secolo con la debolezza dell'autorità imperiale. Milano, così come gli altri comuni, sviluppò una politica del tutto autonoma, ricreando una situazione simile a quella delle *polis* greche dell'età classica.

La mancanza di un potere centrale e l'anarchia era la caratteristica dell'Europa di quel periodo ma, se altrove l'aristocrazia andava rafforzandosi, in Lombardia furono le città, ereditate dall'urbanizzazione dell'epoca romana, a sopperire al vuoto di potere. Vuoto di potere reale più che nominale essendo il Regno d'Italia appannaggio dell'impero. Impero che, successivamente alle guerre per le investiture che avevano insanguinato Italia e Germania, sembrava disinteressarsi ad una politica mediterranea.

A ciò va aggiunto che nei primi 50 anni del XII secolo gli imperatori si trovarono spesso in una condizione di debolezza e vi furono lunghi periodi d'interregno e guerre civili.

Le cose cambiarono quando, alla morte dell'imperatore Corrado III, venne eletto quale nuovo sovrano, nel marzo del 1152, Federico di Svevia (la Germania era una monarchia elettiva), ben deciso a mettere ordine nel suo regno, ponendo fine a quello che egli riteneva una situazione di anarchia, presente sia in Germania che in Italia. Parve a molti suoi contemporanei che, dopo decenni, il nuovo regnante avesse ora sia la forza che la volontà di esercitare il suo potere in maniera effettiva sui vasti domini imperiali.

Questo porterà a una lunga guerra con le nuove società comunali che erano emerse nell'Italia settentrionale, in cui, l'alternarsi di vittorie e sconfitte, vide Federico di Svevia, detto il "Barbarossa" combattere in prima persona diverse battaglie dove conobbe importanti sconfitte raramente subite prima da un imperatore germanico.

▲ Federico Barbarossa scortato dai suoi cavalieri entra in una città. (Liber ad honorem Augusti sive de rebus Siculis da Petrus de Ebulo, 1196, Codex 120II, Burgerbibliothek Bern)

I: LE ARMI, I COMANDANTI E LA GENESI DELLA GUERRA

Roncaglia e la politica del Barbarossa

Tutto ebbe in inizio il 5 dicembre 1154 sui prati di Roncaglia.

Federico I di Hohenstaufen poteva osservare con soddisfazione l'ampia pianura di Roncaglia riempirsi di padiglioni e le tende variopinte dei suoi sudditi che si andavano a raccogliere per la Dieta indetta dal loro imperatore. All'epoca il sovrano non era ancora diventato il Barbarossa. Solo in seguito alla sua azione di governo i suoi sudditi italiani gli avrebbero affibbiato questo soprannome a causa della sua corta barba biondo rame.

Roncaglia era una località in provincia di Piacenza vicino al fiume Po, tenuta libera dalla vegetazione per le adunanze imperiali, da cui appunto il nome derivante dalla roncola usata dai contadini per tagliare le piante. La prima di queste diete si tenne sotto il regno di Ottone III il primo maggio del 997. La decisione di tenere incontri politici in questi prati, piuttosto che nella vicina città imperiale di Pavia, era dovuta all'uso medievale nel radunarsi in spazi aperti realizzando accampamenti militari, dando spazio ai cavalli che allora formavano la parte più importante degli eserciti. Inoltre, la città di Pavia, avrebbe mal sopportato di farsi carico nell'ospitare diete plenarie così affollate, erano già numerosi gli obblighi a cui doveva far fronte la città, tanto che, sotto il regno di Enrico II, vi fu una violenta rivolta soffocata poi nel sangue dallo stesso imperatore.

Federico era arrivato a Roncaglia dopo una serie di successi politici; aveva pacificato la Germania con la dieta di Merseburgo e sottomesso gli Stati vicini. Si era poi deciso di effettuare la *Romfahrt*,

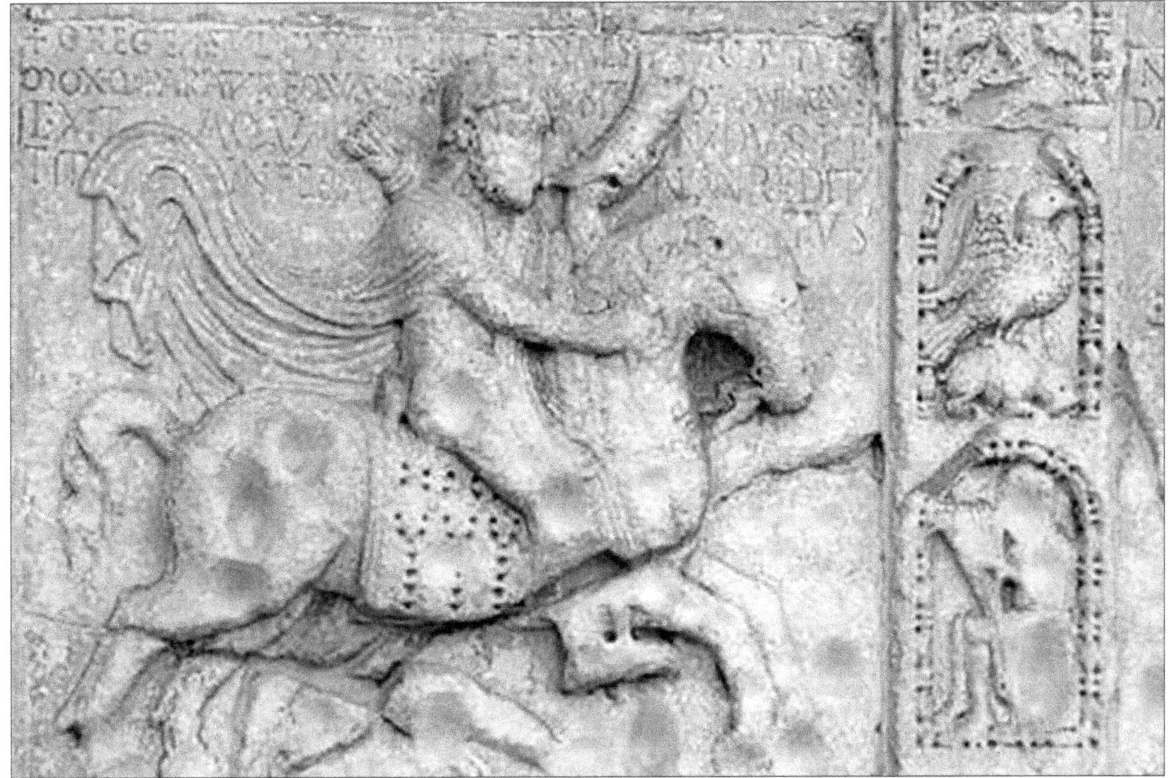

▲ Cavaliere con corno, raffigurante la caccia di re Teodorico (Verona, particolare del portico di San Zeno)

la spedizione militare verso Roma che da sempre gli imperatori tedeschi organizzavano per cingere la corona imperiale. In realtà l'armata approntata per questa prima calata in Italia, detta all'epoca *Heerfahrt*, non era molto numerosa con i suoi 1800 cavalieri per un totale che andava dai 4000 ai 5000 soldati.

Il suo obbiettivo non era soltanto il ripristino dell'autorità imperiale in Italia ma anche quello di estendere il suo potere sul regno normanno e quello bizantino, era inoltre importante stabilire una intesa con il papato.

Era passato diverso tempo da quando Enrico V era sceso in Italia nella prima metà del XII secolo, allora le sue forze militari erano deboli ed era privo di un appoggio locale, dovette quindi concedere ampie autonomie alle città, tra le quali la libera circolazione e l'esenzione al mantenimento dei messi imperiali che passavano per le varie località.

A Roncaglia, Federico, voleva mettere fine completamente a ciò, invitando tutti i comuni e feudatari sottomessi all'autorità imperiale a questa prima Dieta. In questa prima fase egli si concentrò sui diritti ereditari dei feudatari minori i quali non potevano prescindere dalle decisioni del loro signore di riferimento più importante che era direttamente responsabile verso l'imperatore. Si studiarono poi i vari diritti spettanti all'imperatore, in particolare, le varie tasse dette, allora, regalie, a cui, soprattutto, le realtà comunali avrebbero dovuto sottostare; questo era dovuto al fatto dell'importanza delle città in Italia.

Anche in Germania vi erano delle realtà comunali che si andavano affermando in contrapposizione al mondo feudale, ma, a differenza dell'Italia, queste realtà erano minoritarie, e l'impero dava loro ampia autonomia creando le cosiddette città libere, come nel caso di Colonia dove, il vescovo conte della città, eserciterà il suo potere sino all'età moderna.

▲ Cavalieri pronti per ingaggiare il nemico. Sulle loro armature non portano ancora sopravesti e sui loro elmi conici vi è dipinta una croce. (Carlo Magno e Rolando si preparano a combattere i musulmani in Spagna. Dal testo del manoscritto la canzone di Rolando, XII secolo)

In questa prima dieta l'imperatore non volle calcare la mano con i comuni, anzi, si propose come autorità *super partes* nella contesa tra i comuni di Lodi, Pavia e Como che lamentavano il dominio spregiudicato di Milano. In questa occasione l'imperatore pretese la cessazione di ogni ostilità prendendo tempo nel risolvere la contesa.

Successivamente, l'imperatore con l'esercito, punì le città che si erano rifiutate di partecipare alla dieta non ammettendone l'autorità, saccheggiando, nel febbraio dell'anno successivo, Asti (restituendo la città al marchese del Monferrato) e distruggendo Tortona in aprile, mettendo a ferro e a fuoco anche piccoli villaggi come ammonimento ai più riottosi.

In una lettera a suo zio e biografo, il vescovo Ottone di Frisinga, Federico stesso descrive la situazione dopo essere stato incoronato re d'Italia a Pavia nell'aprile del 1155: "Ci siamo mossi nella spedizione verso Roma e con mano ferma e forte siamo entrati nella Longobardia. Ciò perché, per la lunga assenza degli imperatori, era diventata insolente e, confidando nelle proprie forze, aveva cominciato a ribellarsi", avevano cioè usurpato le regalie al legittimo detentore. Continua poi nel resoconto delle sue azioni: "Noi con animo indignato, con giusto e dovuto furore, abbiamo distrutto quasi tutti i loro castelli, non di soldati, ma di servi. I milanesi, scaltri e superbi, ci hanno offerto parole senza fedeltà e ci hanno promesso molto denaro per avere il dominio su Como e Lodi".

Nella primavera successiva, Federico, riportò a Roma il papa Adriano IV (al secolo l'inglese Nicholas Breakspere), mettendo fine alla rivolta della città capeggiata da Arnaldo da Brescia. In cambio il papa elesse, come da copione, Federico a imperatore, così come stabilito negli accordi presi nella dieta di Costanza di due anni prima. L'incontro sull'omonimo lago fu reso necessario poiché l'elezione di Federico ad imperatore era avvenuta senza l'approvazione del clero tedesco, ben conscio del programma politico del nuovo imperatore, intenzionato a rimettere in discussione il trattato di Worms di tre decenni prima, in cui si proibiva all'autorità regia di intromettersi nell'elezione dei vescovi-conti, motivo della guerra delle investiture del secolo precedente. Dal concordato di Worms risale la supremazia del papato sull'impero che Federico voleva contestare. Il papato (il papa era Eugenio III) in quel frangente si era trovato nella necessità di richiedere l'aiuto dell'imperatore, perché cacciato dalla sua sede di Roma da una rivolta e, sempre minacciato, dai normanni del sud Italia, dovette scendere a patti. Così come Roncaglia fu la miccia della guerra contro i comuni, l'accordo di Costanza avrebbe aperto la strada ad una rinnovata lotta tra Chiesa e Stato.

Questo sarebbe accaduto alcuni anni dopo, nel frattempo, l'imperatore, recuperò la sede papale ad Adriano IV che, a sua volta, incoronò imperatore Federico. La permanenza a Roma durò poco e una ennesima sollevazione popolare cacciò i due massimi esponenti della cristianità dalla Città Eterna Durante l'estate Federico e il suo esercito intrapresero la strada di ritorno per la Germania, anch'essa scossa da nuove rivolte, non senza aver prima distrutto la città di Spoleto che, sia perché si era rifiutata di pagare la cifra richiesta della tassa di ospitalità, detta *fodrum*, sia perché gli abitanti di Spoleto tenevano in ostaggio Guido Guerra, un nobile toscano alleato e amico di Federico. Grande fu il bottino e la maggior parte degli abitanti fu passata per le armi.

Ad Ancona l'imperatore s'incontrò con gli ambasciatori bizantini di Manuele Comneno che, alla stregua del papa, gli chiesero di marciare contro il regno normanno, cosa che Federico avrebbe fatto volentieri se la situazione in Germania non necessitasse urgentemente della sua presenza. Il ritorno verso casa venne contrastato dovendosi aprire la strada con la forza presso le chiuse dell'Adige.

La permanenza di Federico in Germania fu comunque di breve durata. I comuni continuarono a disinteressarsi delle prerogative imperiali e, Milano, dopo varie minacce, distrusse Lodi.

Nel 1158 l'imperatore e il suo esercito tornarono così in Italia e dopo una breve campagna sconfissero Milano imponendogli di ricostruire Lodi.

A novembre venne indetta una nuova dieta a Roncaglia per ribadire in modo chiaro i diritti dell'impero sui comuni.

▲ Il broletto di Novara con l'arengo della città risalente al XII secolo. (Wikipedia)

Questa dieta fu la più importante e carica di conseguenze. Federico richiese all'università di Bologna l'invio di quattro celebri giuristi, che, con la loro dottrina, appoggiassero in maniera giuridica le idee del Barbarossa.

La *weltanschauung*, o visione filosofica del mondo, dell'imperatore era sostanzialmente legata al feudalesimo del suo tempo. Così come aveva soppresso, non senza problemi, gli stati etnici tedeschi come la Sassonia, imponendogli un regime feudale, ed ora, in Italia, cercava di fare la stessa cosa, favorendo i grandi feudatari e imponendo ai comuni una serie di vincoli. Egli riteneva che i diritti dell'Impero non potevano decadere con il tempo, né venire minati da una consuetudine contrapposta alle esigenze dell'impero.

Ai Comuni vennero riconosciuti alcuni importanti diritti che li rendevano di fatto autonomi: avere una zecca propria, amministrare la giustizia, possedere castelli ed avere un esercito oltre che applicare alcune tasse.

In cambio di questi riconoscimenti i comuni furono obbligati ad accettare l'imposizione dei consoli che, se non disposto diversamente, dovevano essere eletti direttamente dall'imperatore. A ciò si aggiunsero alcune tasse per il mantenimento dell'apparato imperiale. Fu inoltre vietata qualunque guerra senza il previo consenso imperiale, mettendo così fine a qualunque attività politica dei comuni.

La maggioranza dei comuni accettarono il diktat, più per un odio nei confronti della egemonia di Milano, ed averne così un tornaconto immediato, anche se che le decisioni di Roncaglia finirono per danneggiare la libertà di tutti i comuni.

Milano, che poco prima si era arresa alle truppe imperiali, si rese subito conto della gravità delle richieste, decise così di rivoltarsi alle decisioni di Roncaglia con i comuni che più le erano fedeli. Cominciò in questo modo una lunga lotta che durerà, tra alterne vicende, vent'anni.

La situazione del Regno d'Italia alla vigilia della guerra

I confini del Regno d'Italia erano molto diversi da quelli attuali. Il cuore del Regno era la pianura Padana che comprendeva le attuali regioni di Piemonte, Lombardia e Veneto, a sud comprendeva Emilia e Toscana appartenenti, in larga parte, al Ducato di Toscana, antico dominio feudale di Matilde di Canossa, il Regno poi confinava con gli stati papali, detti "Patrimonio di San Pietro", la cui origine giuridica, all'epoca, accettata da tutti, veniva fatta risalire alla "Donazione di Costantino". I suoi territori comprendevano il Lazio, parte della Toscana e, successivamente, verso la fine del XII secolo, avrebbero incorporato la Pentapoli, cioè Romagna e Marche.

L'Italia meridionale seguiva, ormai da alcuni secoli, una sua strada, politica e culturale, autonoma, con la dominazione bizantina e saracena, seguita da quella normanna.

L'Italia era molto differente dal resto di Europa. Anzi, ogni regione o realtà geografica presentava caratteristiche peculiari nella società e nella cultura. Il sistema feudale non aveva attecchito in maniera radicale come nel resto d'Europa e, soprattutto in Lombardia, erano i Comuni i principali detentori del potere. La densità della popolazione era, poi, eccezionalmente, alta, con un numero di città nell'Italia centro settentrionale che non aveva paragoni con il resto del mondo di allora.

Il potere ecclesiastico dominava vasti territori e i vescovi avevano una grande autorità sulle decisioni cittadine. Da ciò la fazione guelfa ne ebbe un sicuro beneficio, tanto da riuscire, alla fine, predominante nella lotta per la supremazia del potere sull'Italia. Molte città comunali divennero abbastanza forti

▲ Bassorilievo con cavalieri lombardi. (Wikipedia)

da contestare il potere ai grandi feudatari, ridimensionando i loro domini, costringendoli anzi a venire a patti. Questo avvenne soprattutto in Lombardia mentre, in Piemonte, resistevano ancora vaste signorie feudali come la potente casata dei Monferrato.

Il feudalesimo restava ancora forte in Liguria e nelle regioni più orientali del regno, come il Friuli. In genere le regioni montane e più isolata mantennero il sistema feudale mentre le fertili pianure della Padania e le città sulla costa svilupparono il sistema comunale.

Lungo le coste italiane le città ebbero uno sviluppo ancora più rapido rispetto ai comuni dell'entroterra, si vennero così a definire le repubbliche marinare, tanto potenti da poter organizzare spedizioni militari lungo le coste del Mediterraneo. Pisa e Genova furono le due repubbliche marinare che più di altre affrontarono campagne militari contro i mussulmani. Come Pisa che assediò i mussulmani di Maiorca nel 1115.

I comuni furono la forma più peculiare in Italia. Nati da un associazione di notabili come opposizione alla nobiltà rurale e feudale le assemblee vennero dette arengo e avevano lo scopo di tutelare gli artigiani e le varie corporazione, inoltre avevano il compito di mantenere la pace dentro e fuori le mura. In questa funzione andarono lentamente a sostituire il potere dei vescovi che, in epoca carolingia e ottoniana, avevano riempito un vuoto di potere nelle città ancora in fase di crescita. A Milano la più importante di queste figure fu Ariberto d'Intimano che a metà dell'XI secolo, con una politica lungimirante, portò la città di Ambrogio ad imporsi in Lombardia, ottenendo la sovranità su vaste aree del contado i cui confini erano molto più ampi di quelli della provincia attuale.

I comuni si diedero delle costituzioni in cui si regolava la gestione del potere e le varie attività artigiane e commerciali organizzate in corporazioni, furono il vero motore della vita politica e sociale di ogni comune.

I collegamenti stradali erano ancora quelli dell'età romana, spesso, ormai, mal ridotti, anche se i comuni dell'Italia settentrionale si adoperarono per ristrutturare le arterie principali per favorire i loro commerci. La viabilità era assicurata anche dalle vie fluviali, molto importanti all'epoca rispetto ai giorni nostri. Milano si adoperò nella realizzazione di una rete di canali atti a favorire i commerci, mentre vaste aree venivano bonificate dai monasteri che prosperavano in quel periodo.

▲ Il metodo più comune di condurre le guerre, allora, era la razzia. L'immagine raffigura la cattura di uomini e mandrie da parte di una banda armata a seguito del saccheggio di un villaggio. (Hortus deliciarum fine XII secolo)

In Lombardia, Milano, si era ritagliata un'ampia zona d'influenza, spesso duramente contrastata dalle città vicine. Nel 1111 Lodi venne distrutta fin dalle fondamenta e impedito ai suoi abitanti di ricostruirla. Particolarmente aspra fu la guerra decennale con Como tra il 1118 e il 1127 che vide la città lariana mettere a ferro e fuoco le vicine località sul lago di Como che appoggiavano Milano, occupando, dopo averne assaltato le mura, città come Menaggio e l'isola Comacina. Anche Piacenza in quegli anni dovette difendersi dalle mire espansionistiche di Milano.

Anche il comune di Pavia venne preso di mira dai milanesi che, però, vennero sconfitti dopo una giornata di battaglia nell'agosto del 1154 sul fiume Vernavola ad est di Pavia. L'anno dopo furono però i milanesi a sorprendere i pavesi e a sconfiggerli in campo aperto, continuando una guerra d'aggressione che, dopo la dieta di Roncaglia, non era autorizzata dall'imperatore.

Al rientro del Barbarossa in Germania dal suo primo viaggio in Italia da imperatore i milanesi non rispettarono la tregua imposta a Roncaglia. Anzi, intensificarono le loro azioni con l'intenzione di mettere davanti al fatto compiuto un eventuale rimostranza da parte imperiale.

Fu in quel ginepraio di alleanze e odi inestricabili che Federico I discese per la sua seconda volta in Italia.

▲ Stemma nobiliare della famiglia degli Hohenstaufen, raffigurante tre leoni in campo giallo.

▲ Barbarossa tra i figli Enrico e Federico. Miniatura dalle Cronache Guelfe (Weingarten Abbey, 1179-1191).

GLI OPPOSTI COMANDANTI

IMPERO

Federico di Hohenstaufen era nato nel 1122 nel castello di Waiblingen nel Baden-Württemberg, figlio del duca di Svevia Federico II Hohenstaufen, detto il guercio, capostipite del partito che in Italia sarà detto dei ghibellini, fazione cioè fedele all'imperatore, la cui etimologia deriva appunto dal nome del castello di famiglia a Waiblingen. La madre del futuro imperatore, Giuditta di Baviera apparteneva alla famiglia dei Welfen, rivali degli Hohenstaufen da cui prenderanno il nome i guelfi partigiani del Papa. Prima di divenire re ed imperatore Federico eredità il ducato di Svevia nel sud della Germania, uno dei ducati più potenti di allora che comprendeva parte dell'attuale Svizzera e confinava direttamente con l'Italia, anzi la città di Chiavenna andò a far parte del ducato nel 1157, pur rimanendo un feudo comasco.

Alla morte dello zio Corrado III, Federico, riuscì a farsi eleggere re dei Germani e dei Romani nel 1152, grazie ad una politica di spartizione territoriale che favoriva chi ne aveva appoggiato l'investitura reale. In particolare concesse il ducato di Sassonia al giovane capo dei Welfen, suo cugino Enrico il Leone, assicurandosene l'appoggio ed evitando, almeno per il momento, eventuali guerre civili che avevano funestato l'epoca precedente.

In pochi anni Federico ottenne ben quattro corone: quella tedesca, italiana, imperiale e, infine, la burgunda.

Era di altezza media, capelli biondo rossicci, barba ramata per cui presto i lombardi lo soprannomineranno Barbarossa, in senso spregiativo, a seguito della lotta spietata contro Milano.

Il suo carattere era quello tipico del suo tempo. In una lettera a papa Eugenio III, Wibaldo di Stavelot così lo descrive: *"bramoso di combattere, desideroso di gloria e pronto a misurarsi nelle imprese più ardue; molto sensibile alle offese"*. Soprattutto di quest'ultima caratteristica ne faranno le spese i Lombardi. Malgrado alcuni eccessi, tipici dell'epoca, egli comunque cercava di esercitare il suo potere in modo equo e possibilmente moderato. Ottone di Frisinga (1114 – 1158), biografo dell'imperatore, così lo descrive: *"Federico ama la guerra, ma per conseguire la pace. Pronto nell'agire, valente nel decidere, è insieme sensibile alle suppliche, benigno verso chi a lui si è affidato. Alla mattina,*

▲ Barbarossa e i figli. Alla sua destra il futuro Enrico VI. (Particolare del Liber ad honorem Augusti sive de rebus Siculis da Petrus de Ebulo, 1196, Codex 120II, Burgerbibliothek Bern)

per tempo, solo o con un piccolo seguito, si reca alle prime messe e testimonia ai sacerdoti tale reverenza che può fornire esempio a tutti gli italiani del rispetto che si deve ai vescovi e al clero. Alle cerimonie religiose assiste con tale venerazione che, per tutta l'ora che si cantano i salmi, mantiene un rispettoso silenzio: nessuno allora osa parlargli di qualsiasi affare. Ricevuta la santa comunione, consacra il resto della mattinata alle cure di governo".

Di lui l'abate di Covey scrive al papa Eugenio III al momento dell'ascesa al trono: *"Il nostro re non ha ancora trent'anni. Finora ha dimostrato una mente acuta; è rapido nelle decisioni, fortunato in battaglia e voglioso di fama e di pericoli. Non sopporta mai l'ingiustizia, è affabile, liberale e quando parla nella sua madre lingua è di un eloquenza sfavillante".*

I biografi così riportano come egli cominciasse sempre la giornata: segue la messa per poi passare agli affari di governo o agli esercizi della caccia, così come predilige nuotare e bagnarsi nei corsi d'acqua, cosa all'epoca comune contrariamente a ciò che si pensa sull'igiene di quei secoli.

Come i sovrani europei dell'epoca egli combatteva sempre in prima linea guidando le sue schiere alla battaglia in un modo che i tedeschi chiamano *Vorkämpfer*. A seguito della battaglia di Legnano egli venne prima dato per disperso poi per morto, prima di riapparire a Pavia in condizioni pietose. Sotto il suo regno il Sacro Romano Impero raggiunse il suo apice. L'autorità imperiale venne riconosciuta, almeno formalmente, dalle maggiori nazioni d'Europa e Stati come la Danimarca e il regno di Boemia si dichiararono vassalli.

Alla fine delle guerre in Italia egli riuscirà a trovare un compromesso vantaggioso per l'impero con il papa e i comuni, riuscendo ad impadronirsi con la diplomazia del regno Normanno dell'Italia meridionale.

Federico morì annegando durante la crociata per la riconquista di Gerusalemme, nel giugno del 1190, nel fiume Selef in Cilicia, forse mentre lo guadava a cavallo o forse mentre stava prendendo

▲ Particolare del volto del Barbarossa, intorno agli anni '80 del XII secolo (*Liber ad honorem Augusti sive de rebus Siculis da Petrus de Ebulo*, 1196, Codex 120II, Burgerbibliothek Bern).

▲ Federico Barbarossa nelle vesti di crociato durante il suo primo pellegrinaggio armato del 1147. Nella successiva Terza crociata del 1190, il grande imperatore, farà voto di liberare Gerusalemme dal Saladino ma durante il viaggio morirà annegato in un fiume della Turchia meridionale mettendo fine alla sua ultima avventura (Biblioteca Vaticana, 1188).

uno dei suoi bagni nella calura estiva dell'Anatolia meridionale. Già altre volte Federico era sfuggito al suo destino che lo voleva affogato in un corso d'acqua; quando sfuggì all'annegamento nel Ticino dopo la battaglia di Legnano o al ritorno dal suo primo viaggio in Italia nel 1155 costretto nel fiume Adige da una rivolta dei Veronesi rintuzzata da Ottone Wittelsbach futuro duca di Baviera.

Dopo la morte, il corpo dell'imperatore, venne subito smembrato ma, delle reliquie realizzate dopo la morte, non vi è traccia. Così nessuna tomba o reliquiario ne testimoniano il passaggio terreno di uno dei più grandi sovrani d'Europa.

La sua figura venne presto trasformata in leggenda, tanto che, come altri sovrani mitici, egli non sarebbe mai morto ma dormirebbe in una caverna dell'Untersberg, non lontano da Salisburgo, per risvegliarsi quando la sua Patria sarà in pericolo mortale e necessiterà di un intervento divino per essere salvata. Leggenda che presenta un parallelismo con quella di Alberto da Giussano in cui si afferma che egli riposi sul fondo del fiume Ticino, pronto a ridestarsi per l'ultima battaglia.

MILANO

Il comune rappresentava l'associazione di tutti i cittadini che, tramite decisioni collettive, si darà forme di autogoverno, decisioni svincolate da poteri superiori, sia ecclesiastici che imperiali, rendendosi politicamente autonomo.

La comunità cittadina si diede quindi una serie di istituzioni per governarsi, tra le quali le magistrature come i consigli e il consolato.

L'Arengo, cioè il luogo di riunione dal tedesco *hring* (cerchio), era dominato da famiglie patrizie provenienti dalla classe dei cavalieri e, in seguito, dai mercanti cittadini più influenti, da questi due gruppi erano tratti i consoli che, pur detenendo il potere, dovevano rispondere all'assemblea cittadina. Dall'arengo erano nominati i capitani del popolo che avevano alle loro dipendenze i cavalieri detti valvassori.

Le tensioni all'interno dell'aristocrazia cittadina portò alla realizzazione di grandi torri famigliari all'interno della città. Fenomeno che si sviluppò soprattutto nel XIII secolo, di pari passo con l'aumentare del potere e dell'influenza delle famiglie patrizie all'interno del consiglio cittadino. Spesso gli stessi patrizi avevano feudi nel contado su cui esercitavano un potere assoluto.

Milano era diventata la città egemone nella pianura Padana, fu tra le prime a darsi istituzioni comunali, limitando i poteri del vescovo e dei feudatari locali.

I consoli di Milano, come di solito in tutti i comuni, erano eletti annualmente seguendo la tradizione romana. Così come durante la Roma repubblicana, i consoli dell'età comunale avevano il compito di condurre gli eserciti in guerra, era quindi la magistratura più importante nell'istituzione comunale. I consoli cittadini venivano eletti dalle famiglie più importanti delle città e dai rappresentanti del clero. Durante le guerre con il Barbarossa furono diversi i consoli a guidare gli eserciti milanesi. Le loro decisioni erano spesso messe al vaglio dell'arengo che ne limitava la libertà.

Durante la guerra tra il 1158 e il 1162 emerse la figura di Guitelmo che, con la sua inventiva, guiderà l'esercito milanese in battaglia, usando spesso metodi non ortodossi, come carri falcati e costruendo macchine d'assedio particolari. La sua importanza nelle istituzioni cittadine si evince anche dal fatto che fu lui a chiedere la resa ai pavesi sconfitti a Vigevano nel 1156, così come a consegnare le chiavi della città al Barbarossa sancendo la sconfitta del 1162, attestandone la sua valenza politica. Della sua figura purtroppo non si conosce molto, se non che fu un abile inventore ed architetto, abile a realizzare macchine d'assedio, ma anche macchine da guerra in special modo i carri da guerra falcati il cui utilizzo sorprese sulle prime i soldati imperiali, ma, che alla fine non riuscì ad essere l'arma risolutiva che i milanesi si aspettavano. Durante la battaglia di Carcano un ruolo importante, nell'esortare le truppe, lo ebbe il futuro arcivescovo di Milano Galdino che, nella difficile situazione, spinse i milanesi a tentare una battaglia risolutiva.

Alberto da Giussano tra realtà e mito

Per i lombardi nessuna vicenda storica raggiunse mai l'epicità dello scontro contro il Barbarossa. La lotta e le strutture politiche che ne conseguirono diedero ai comuni del Regno d'Italia la consapevolezza della loro forza, facendone un episodio fondante delle città stato lombarde. Da qui fiorirono una gran quantità di leggende e miti che, soprattutto nel popolo, si trasmisero per generazioni. Il racconto di Alberto da Giussano alla battaglia di Legnano fu certo il più pregnante di significati.

Della figura di Alberto da Giussano il primo a riportarne le gesta nelle sue cronache storiche fu Galvano Fiamma nel XIV secolo a ben 150 anni dallo svolgimento dei fatti. Non sappiamo a quali fonti faccia riferimento, molte delle quali andarono perse, probabilmente si ispirò anche a tradizioni orali che fiorirono copiose negli anni successivi l'epica vittoria sull'imperatore.

Essendo lo storico più vicino cronologicamente ai fatti vale la pena soffermarvisi per cercare di districare il mito dalla realtà.

Così scrive lo storico milanese: *"Saputo dell'arrivo dell'imperatore, i milanesi ordinarono di preparare le armi per poter resistere. E viene fatta una società di novecento uomini eletti che combattevano su grandi cavalli i quali giurano che nessuno sarebbe fuggito dal campo di battaglia per paura della morte e non avrebbero permesso che nessuno tradisse il comune di Milano; e inoltre giurarono che sarebbero scesi in campo a combattere contro l'imperatore ogni giorno. A quel punto la comunità scelse le armi e il vessillo e ad ognuno venne dato un anello in mano; e vennero reclutati come cavalieri al soldo del comune così che, se qualcuno fosse fuggito, sarebbe stato ucciso. Capo di questa società era Alberto da Giussano che aveva il vessillo del comune. Poi venne fatta un'altra società di fanti scelti per la custodia del carroccio, i quali tutti giurarono di preferire morire che fuggire dal campo di battaglia. E vengono fatte trecento navi a forma di triangolo e sotto ad ognuna c'erano sei cavalli coperti, così da non essere visti, che trascinavano le navi. In ogni nave vi erano dieci uomini che muovevano falci per tagliare l'erba dei prati come i marinai muovono i remi: era una costruzione terribile contro i nemici."* (Chronica Galvanica cap. 291 f. 81v)

Sulla battaglia di Legnano Galvano Fiamma riporta la sua versione dei fatti nella seguente maniera: *"Nell'anno 1176, incurante dei tradimenti e contravvenendo il giuramento, l'imperatore desiderava la distruzione della città di Milano. Abbandonata la città di Pavia, entra nel nostro territorio e giunge al borgo di Carate. Soltanto i pavesi e i comaschi erano con lui tra tutti gli italici. La Cronaca di Leone narra che arriva tra Legnano e Dairago. Era il giorno terzo prima delle calende di giugno, il giorno della festa dei santi martiri Sisinno, Alessandro e Martirio. Alberto da Giussano aveva il vessillo della comunità e con lui c'erano due fratelli, giganti fortissimi, ossia Ottone e Rainero, che portavano il vessillo per il loro fratello: sempre (gli) furono compagni sulla destra e sulla sinistra. Iniziata la battaglia, dall'altare dei sopraddetti tre martiri vennero viste alzarsi tre colombe e posarsi sull'albero del carroccio. Accortosi di ciò, l'imperatore fuggì terrorizzato. Da allora, quel giorno divenne festa solenne. Messo in fuga l'imperatore, i cittadini di Milano si arricchirono enormemente con il bottino di guerra dei Tedeschi. Venuto a conoscenza della disfatta dell'imperatore, papa Alessandro gioì molto e scrisse a Milano molte lettere esortatorie, perché era più propenso a morire che ad abbandonare la città di Milano."* (Chronica Galvanica cap. 294 f. 82v)

Lo storico di epoca viscontea presenta Alberto impegnato nell'importante ruolo di alfiere a cui era affidato il vessillo riferimento per i cavalieri di Milano. Solo nel XVI secolo con il Corio il guerriero lombardo sarebbe diventato il comandante della compagnia della morte.

In Galvano Fiamma la figura di Alberto pare idealizzata. Alberto difendeva il vessillo insieme ai suoi due fratelli, Otto e Rainiero, cosa normale per l'epoca che un piccolo gruppo di armati fosse designato all'esclusiva difesa del vessillo da cui dipendeva la compagine degli armati. Essi sono di aspetto gigantesco e qui si raccoglie forse una remota tradizione che vede i Galli Insubri, gli antichi abitanti di Milano, come giganteschi e bellicosi. Polibio li descriveva alti, belli e ottimi soldati, così come Giulio Cesare ne apprezzava la disciplina e la prestanza fisica, e anche la loro dote naturale ad organizzarsi militarmente, ciò dovuto anche a causa della posizione strategica di Milano.

A quello della statura, vera o presunta dei tre eroi, nel racconto di Galvano Fiamma si associava il mito della triade, numero sacrale dalle remote origini indoeuropee. Tre erano gli eroi a guardia del vessillo rappresentante la città di Milano, tre i santi milanesi a cui venne dedicata la vittoria e tre le colombe che, per intervento divino, fecero perdere la battaglia al Barbarossa. Persino i corpi speciali che combatterono a Legnano erano tre; la compagnia della morte, la guardia del Carroccio e i carri falcati.

Un'altra tradizione di origine indoeuropea e, in particolar modo germanica, si ritroverà legata nella compagnia della morte che Galvano Fiamma, ma ancor più nel Corio, era rappresentata come una società di guerrieri che seguivano il loro capo legati da giuramenti sacri che li votava ad una causa ben precisa, oltre al sacrificio della propria stessa vita. E' chiaro che la tradizione della compagnia della morte si formò in tempi successivi a Legnano, nell'aurea di leggenda e di apologia che seguì la battaglia negli ambienti milanesi del secolo successivo, in un epoca di forti conflitti tra guelfi e ghibellini dove fiorivano le *societas* militari e religiose, in particolare quelle legate a circoli penitenziali e di carità cristiana.

Che il racconto di Galvano Fiamma fosse imperniato su una visione mitologica ed escatologica degli avvenimenti lo ritroviamo anche nell'anacronismo dei carri falcati inseriti nella sua cronaca, ma, in

▲ Cavalieri con scudi dipinti da semplici motivi araldici (Particolare del *Liber ad honorem Augusti sive de rebus Siculis da Petrus de Ebulo*, 1196, Codex 120II, Burgerbibliothek Berna).

realtà, realizzati da mastro Guitelmo e utilizzati nella campagna tra Rho e Legnano nel 1160, senza per altro caratterizzarsi di una particolare efficienza bellica.

Infine, la figura di Alberto da Giussano, ingigantita da Galvano Fiamma e dagli storici successivi, doveva essere anche una risposta da parte milanese e, poi, italiana alla figura del Barbarossa che, il giorno di Legnano, ebbe a combattere valorosamente come una furia, coprendosi di gloria.

Storicamente vi è da segnalare un Alberto, ma da Carate, che era tra i consoli di Milano all'epoca della battaglia di Legnano e successivamente, nel 1177, rettore sempre per la città milanese. Così

▲ Cavaliere raffigurante Diepold von Schweinspeunt, con stendardo e scudo dipinto con motivi araldici. (*Liber ad honorem Augusti sive de rebus Siculis Folio 133r da Petrus de Ebulo*, 1196, Codex 120II, Burgerbibliothek Bern).

come era stato tra i firmatari del patto istitutivo della Lega nel marzo del 1167, insieme ad un altro delegato milanese, Alberto Longo. Che Galvano Fiamma abbia voluto, deliberatamente, cambiarne la provenienza per ragioni personali è difficile crederlo. Considerando anche che le due figure, quella narrata dallo storico e quella ritrovata sui documenti coevi alla battaglia, furono personaggi del tutto diversi. Mai Galvano Fiamma attribuisce un magistero particolare al suo Alberto da Giussano, cosa che invece avrebbe potuto fare per accrescerne l'importanza.

In realtà vi era un Alberto de Gluxano, cioè da Giussano, il cui nome compare in una pergamena attribuita da alcuni storici agli anni finali del secolo, per la precisione il 1196, in cui, assieme ad un elenco di nomi per una supplica al vescovo di Milano degli abitanti di Porta Comacina, vi si legge anche quello di Alberto. La coincidenza di questo Alberto con quello descritto da Galvano Fiamma è comunque speculativa, non essendoci nessuna prova o conferma a riguardo.

Sappiamo però che la famiglia guelfa dei da Giussano era una realtà storica ben documentata fin dal IX secolo, quando i da Giussano ebbero il prestigioso incarico di accogliere solennemente l'arcivescovo di Milano Ansperto da Biassono, il 20 giugno 869, scortandolo sino alla basilica di Sant'Ambrogio.

I da Giussano furono quindi una ricca famiglia della feudalità minore proveniente dal lontano contado milanese, il *"Castrum de Gluxiano"*, che, come la maggior parte della nobiltà milanese, era stata fatta venire, con le buone o con le cattive, a risiedere in città, dove le famiglie nobili realizzavano case fortificate appropriandosi d'intere porzioni di quartieri chiusi all'esterno vivevano così con i loro, famigli, cioè; famigliari, servi e protetti a loro fedeli.

Al tempo della guerra con il Barbarossa i da Giussano, oltre alle terre avite, possedevano proprietà e palazzi a Milano, risiedendo nel quartiere di San Bartolomeo, appartenente alla contrada di Porta Nuova, dove si schieravano in tempo di guerra.

Un Otto da Giussano era presente in documenti legali del 1183 e successivamente del 1190, e, anche se, niente indica che possa essere il fratello del più famoso Alberto, non si può neppure escluderlo. La famiglia guelfa dei da Giussano, dopo aver ricoperto importanti incarichi nell'amministrazione milanese nei secoli successivi a Legnano, si estinse nel XVIII secolo e i documenti di famiglia andarono purtroppo irrimediabilmente perduti.

Nulla però vieterebbe che un rappresentante della nobile famiglia abbia militato nella cavalleria milanese durante la battaglia di Legnano. Ne ci sarebbe da stupirsi se un da Giussano possa avere avuto l'onore di combattere come alfiere, protetto dai suoi fratelli, e, magari, anche di distinguersi nel duro scontro di quella giornata di fine maggio. Se poi le gesta del nobile cavaliere vennero tramandate oralmente per poi essere riprese e rielaborate da Galvano Fiamma non è dato sapere. Troppo diverso il racconto da Chansons de geste tramandatoci dallo storico del trecento da quello che effettivamente avrebbe dovuto essere il vero Alberto da Giussano, la cui figura storica rimarrà per sempre un mistero.

Successivamente il mito di Alberto da Giussano si evolse contemporaneamente con l'epoca storica in cui il mito e le vicende della battaglia venivano raccontate e di volta in volta riadattate. Dal racconto escatologico di Galvano Fiamma si passò all'esaltazione del mito della cavalleria del Corio, in un epoca infarcita di poemi cavallereschi, per poi arrivare alla rielaborazione risorgimentale dove il nostro eroe venne considerato un patriota antesignano della causa d'indipendenza dal dominio tedesco.

I miti sono parte integrante della storia dei popoli ed è ad essi che si fa riferimento nelle vicissitudini politiche pur riadattandone i contenuti e prescindendo dalla realtà storica da cui tali miti provengono.

GLI OPPOSTI ESERCITI

ESERCITO IMPERIALE

Reclutamento

L'armata imperiale che veniva dalla Germania era un esercito interamente basato sul sistema feudale. I vassalli laici ed ecclesiastici, con i loro seguiti, prestavano servizio nell'esercito imperiale in cambio di terre e benefici. Ancora ai tempi di Federico vi erano parti dell'esercito che conservavano la loro unità territoriale di derivazione tribale, anche se sottoposta all'autorità del proprio duca, un esempio ne è la Sassonia di allora, dove tutti gli uomini di estrazione libera erano automaticamente dei soldati, formando un armata di liberi contadini simile al vecchio sistema detto *Heerban*.

Vi erano all'epoca due sistemi diversi di mobilitazione: uno detto *Flogepflicht*, cioè la chiamata alle armi per tutti gli uomini liberi ad esclusione dei chierici, delle donne e dei pastori, questo sistema di mobilitazione era di origine tribale ed era invocato solo in caso di estremo pericolo. Di matrice feudale era il più frequente *Reichsheerfahrt*, il servizio per l'esercito imperiale, esso si svolgeva all'interno del *Reich* o ai suoi confini, per le truppe feudali che rispondevano a questa mobilitazione vi era l'obbligo di servire l'impero per 40 giorni. Per le spedizioni in Italia gli imperatori si servivano di un tipo di mobilitazione simile detta *Romfahrt* la cui durata di servizio era fissata sui 410 giorni.

Per queste spedizioni ogni vassallo era tenuto ad una certa quota fissa di soldati o, in alternativa, il corrispettivo in denaro. Ad esempio Polonia e Boemia dovevano fornire circa 300 cavalieri per la spedizione a sud delle Alpi.

Gli ecclesiastici dotavano spesso i più importanti contingenti di soldati gli eserciti, agli stessi venivano dati importanti incarichi di comando come l'arcivescovo di Colonia Rainaldo che portò i rinforzi a Federico nel 1160.

Tra le file imperiali vi erano anche truppe mercenarie reclutate non per compagnie, come succederà più tardi, ma singolarmente andando poi a formare dei reparti suddivisi per nazionalità come i fiamminghi, i borgognoni e i lorenesi.

▲ In questo particolare viene raffigurato il nobile Markward (Marcovaldo) von Annweiler con lo scudo rappresentante il disegno araldico della sua casata (*Liber ad honorem Augusti sive de rebus Siculis da Petrus de Ebulo,* 1196, Codex 120II, Burgerbibliothek Bern)

▲ Pulpito di maestro Guglielmo, i guerrieri raffigurati portano un moderno usbergo completo di guanti di protezione, una novità per l'epoca. (Duomo di Cagliari 1159, Wikimedia)

Una categoria a parte erano i Ministeriali (*Dienstleute*), cavalieri di condizione servile la cui fedeltà al loro signore era incondizionata senza necessità di prestare giuramento. I nobili tedeschi erano usi a formare con questi cavalieri speciali reparti della propria guardia personale. Tra i più importanti Ministeriali vi erano quelli imperiali, in origine provenienti dalla corte Sveva, a cui erano affidati compiti militari e amministrativi. Ad alcuni di loro potevano essere assegnati dei feudi che, in virtù della loro condizione di non liberi, non potevano passare in eredità da padre in figlio, come invece accadeva negli altri casi, almeno tra i laici.

Dimensioni

L'esercito che Federico radunò ad Augusta il giorno di Pentecoste del 1158 per la sua seconda discesa era sicuramente uno dei più imponenti per la *Romfahrt*. Tra i grandi feudatari vi era il re d'Ungheria e il duca di Boemia Vladislao II, il duca di Baviera, d'Austria e di Carinzia con gli arcivescovi delle città di Colonia, Magonza, Treviri e i Vescovi di Worms, Costanza, Spira, Praga, Verdun, Vizburgo e Eichstàdt. Tutti con il loro seguito. Gli storici dell'epoca riferiscono l'ammontare di ben 50.000 uomini, cifra certo esagerata,

▲ Il cavaliere raffigurato usa ancora portare in combattimento la lancia sopra la spalla piuttosto che in resta, come sarà d'uso alcuni anni dopo. In genere, l'uso della lancia calata dall'alto verso il basso, usata sopra la spalla, era impiegato nei corpo a corpo, con il cavaliere fermo e impossibilitato a caricare (Cattedrale di Modena, circa 1120, dettaglio della Porta della Pescheria. Wikipedia).

soprattutto se rapportata alla logistica di quel periodo. Comunque alcuni di questi contingenti torneranno presto in Germania mentre, nel corso dei quattro anni di guerra, altri discenderanno le Alpi a più riprese.

Ad aspettarli in Italia vi erano gli alleati dell'impero che, con le loro pressanti richieste di soccorso, avevano contribuito a riunire l'armata ad Augusta. I comuni alleati più fidati erano Cremona, Lodi, Como e Pavia a cui si aggiungevano Novara più altri comuni minori che si univano alla nobiltà rurale lombarda schierata per l'impero. Grande sostenitore di Federico era il più grande feudatario della pianura Padana (in realtà l'unico signore rimasto a contendere il potere ai comuni nella pianura tra Piemonte e Veneto), il marchese del Monferrato Guglielmo.

Tutti questi diedero a Federico numerosi contingenti militari che rappresentavano larga parte dell'esercito imperiale, in cui i soldati tedeschi erano il nucleo e l'asse portante.

I comuni alleati a Federico furono comunque i più attivi nella lotta contro Milano, accecati dall'odio di più di 50 anni di continue guerre contro la città meneghina.

A Carcano le truppe imperiali vengono valutate dagli storici moderni in circa 1000 cavalieri e 1500 fanti, di cui 2000 Italiani e 500 tedeschi. I nobili asserragliati nel castello di Carcano ebbero un ruolo di spettatori, rimanendo ben al sicuro entro la turrita fortezza.

Le forze con cui Federico Barbarossa poté contare nel corso della sua quinta discesa variarono di molto. Nella *Romfahrt* che, nella tarda estate del 1174 calava in Italia, non vi erano grandi feudatari, né un numero elevato di soldati. Non vi erano re o duchi né suo cugino il duca di Sassonia Enrico il Leone che era il più potente tra i signori tedeschi. Vi era invece Corrado, fratello di Federico, il duca di Boemia, Ottone di Wittelsbach, l'arcivescovo di Colonia Filippo di Heinsberg e quello di Treviri. In maggioranza erano guerrieri svevi a cui si sarebbero uniti i feudatari e i comuni ancora fedeli in Italia, si presume che il contingente tedesco fosse munito di circa 500 cavalieri e 1500 sergenti.

Ad essi si sarebbero dovute aggiungere le forze di Cristiano di Magonza, ora arcicancelliere d'Italia, presente nella penisola dal 1171 con un contingente di mercenari borgognoni.

Una volta in Lombardia, Federico, andò ad assediare la città di Alessandria con un forte esercito

▲ Altra immagine di cavaliere della dettaglio della Porta della Pescheria che narra le vicende di re Artù. Anche se la scultura risale a circa il 1120, le armi si discostano poco da quelle della metà del XII secolo.

▲ Scena della vita di Davide. Si può notare il tipico armamento degli eserciti occidentali intorno alla metà del XII secolo. Gli elmi con nasale sono di varie forme, quelli conici rinforzati nella parte frontale e quelli a cupola (Inghilterra, Winchester, Cathedral Priory di Sant Swithin, bibbia di Winchester, circa. 1160–80).

ingrossato dal marchese Guglielmo del Monferrato, dal conte Uberto di Biandrate e i comuni tradizionalmente filoimperiali di Como e Pavia a cui si aggiunsero Alba e Acqui. Il fallimento dell'assedio e il mancato arrivo di rinforzi dalla Germania erose le forze imperiali soprattutto nella sua parte italiana. Il giorno di Legnano, il mancato ricongiungimento con l'esercito di Cristiano, impegnato nel Lazio, costrinse l'esercito imperiale a combattere in forte inferiorità numerica.

Tra i partecipanti alla battaglia decisiva vi furono il duca di Zahringen i conti di Saarbrucken, di Fiandre, il Langravio di Turingia, l'arcivescovo di Colonia Filippo di Heinsberg, allora cancelliere del *Reich*, e quello di Magdeburgo Wichmann, con i rispettivi seguiti appena arrivati di rinforzo da nord, attraverso il passo del Lucomagno. Al contingente tedesco si erano uniti i comuni di Como e, forse, qualche pavese, che tradizionalmente fornivano un maggior quantitativo di fanteria preveniente dalle milizie cittadine. Nelle stime più verosimili a Legnano si poterono contare poco più di 500 cavalieri e forse un contingente di 3000–3500 fanti, per un totale di circa 4000 uomini. Gli annali piacentini ghibellini riferiscono di circa 1000 soldati tedeschi, i rimanenti dovevano quindi essere soldati appartenenti al regno italico.

Organizzazione

La struttura di comando dell'esercito imperiale seguiva la classica struttura a piramide della società feudale con i vassalli più importanti nella parte alta e l'imperatore al vertice.

L'autorità dell'imperatore non era però illimitata. A differenza di un esercito moderno egli doveva tener conto degli umori e del morale dei suoi maggiori feudatari. Un esempio di ciò si ha nel 1155,

▲ Elsa della spada detta di Carlo Magno, risalente al XII-XIII secolo (museo del Louvre).

dopo l'elezione di Federico ad imperatore a Roma, quando, a più riprese, il papa gli chiese di mantenere gli accordi di Costanza e di marciare contro il regno normanno, cosa che Federico avrebbe fatto più che volentieri ma che i feudatari al suo seguito si rifiutarono di fare. Anche le stesse richieste fatte dal Basileus ad Ancona non convinsero i feudatari tedeschi che, ormai, da molti mesi si trovavano in Italia ed erano desiderosi di tornare ai loro possedimenti che, come dei regni in miniatura, avevano necessità di cure politiche.

Ancora peggio andò al Barbarossa alla vigilia della battaglia di Legnano, quando Enrico il Leone si rifiutò di soccorrerlo con le sue truppe, facilitando la vittoria alla Lega Lombarda. Il comportamento di Enrico il Leone causò una dura guerra con l'imperatore tra i 1179 e 1180 e, alla fine, il Leone perse i suoi ducati di Sassonia e Baviera andando in esilio in Inghilterra.

Le maggiori cure erano date alla cavalleria, mentre la fanteria era trascurata sia nell'utilizzo che nell'esercizio. Nelle campagne italiane di Federico però quest'ultima componente era, il più delle volte, fornita dai comuni alleati.
Sulle bandiere e gli stendardi imperiali capeggiava l'aquila nera. Ma altrettanto in uso era la bandiera di guerra, detta *Blutfahne*; il vessillo sanguinoso (vessillo *Sanguinolentum*), il cui significato mistico attraverserà tutta la storia tedesca, formato da una croce bianca in campo rosso. Questo stendardo era lo stesso adottato dalle città fedeli all'impero di

▲ Elsa con il caratteristico pomello circolare in voga tra il XII e il XIII secolo.

Como, Novara e Cremona e andrà a designare il partito ghibellino, vista anche la casuale specularità invertita dei colori.

La situazione logistica imperiale, in guerra come in pace, era spesso trascurata. Infatti tutte le terre attraversate dalle armate imperiali erano soggette al mantenimento dell'esercito come tassa obbligata. Poteva capitare, però, che il cibo non fosse a sufficienza, costringendo i soldati a procacciarselo tramite il saccheggio e le devastazioni, con ovvie ricadute sulla popolarità dell'imperatore. Così accadde nell'autunno del 1154 a Federico, mentre attraversava il contado milanese per recarsi a Roncaglia, quando i viveri per cavalli e soldati vennero a mancare, o non furono forniti a sufficienza dai milanesi e indusse gli imperiali a saccheggiare e distruggere il villaggio di Rosate, distruggendone l'annesso castello, piccola anticipazione delle future guerre con Milano.

Armamento

Nel medioevo la qualità dell'armamento difensivo ed offensivo dipendeva dalla ricchezza del proprietario. La maglia di ferro a protezione delle gambe indicava la ricchezza del cavaliere, che si poteva permettere una maggior difesa.

La corazza era fatta di anelli metallici (detta cotta di maglia) indossata sopra una imbottitura di cuoio che attutiva i colpi. A metà del 1100 la cotta di maglia era arrivata a coprire le gambe e le braccia. La sopravveste, usata nei climi caldi dalla prima crociata, non era stata ancora adottata nelle terre dell'impero al tempo della seconda discesa dell'imperatore.

A partire dal 1100 si realizzarono numerose varianti alla forma classica dell'elmo conico normanno, di solito vi erano ampi nasali rivettati sull'elmo a protezione del viso o facenti parte dell'elmo stesso in un unico blocco. In Germania era molto utilizzato un elmo emisferico o cilindrico, più stabile ai colpi di quello conico. Negli anni sessanta del XII secolo si sviluppò in Germania una protezione nasale a forma di T rovesciata, per una maggior protezione del viso, primo passaggio che porterà, nel decennio successivo, il diffondersi della protezione a maschera facciale. Nell'iconografia si ebbero le prime rappresentazione di queste protezioni proprio in quegli anni in Spagna e in Inghilterra. E' di esempio la tomba di William Clito, conte delle Fiandre morto in battaglia nel 1127, la cui effige sepolcrale venne realizzata in Fiandra nell'abbazia di St Bertin a St. Omer tra il 1160 e 1170. La maschera non proteggeva ancora la bocca e la parte bassa del viso. Poteva anche capitare che gli emi fossero dipinti con primitivi colori araldici. Anche i grandi scudi a forma d'aquilone usati all'epoca potevano essere dipinti con dei semplici colori araldici, anche se più spesso erano rinforzati da semplici barre di ferro. Le dimensioni dello scudo andranno riducendosi sul finire del XII secolo, periodo nel quale la Germania divenne la potenza Europea più avanzata nel campo degli armamenti. I soldati della fanteria erano spesso protetti da una semplice cervelliera, senza altre protezioni.

▲ Arciere in combattimento. Gli arcieri formavano la gran parte della fanteria leggera dell'epoca e, sebbene l'arco in uso non aveva la potenza dell'arco inglese, il suo uso rimarrà diffuso anche con la successiva introduzione della più efficace balestra (Wiligelmo, particolare facciata del duomo di Modena, inizi 1100 circa).

▲ Capitello inizi XII secolo. Il guerriero non sembra portare armatura ma solo una lunga tunica nello stile della Francia meridionale (Chiostro di Sant Foy, città di Conques, Pirenei).

Le balestre non facevano ancora parte dell'equipaggiamento degli eserciti tedeschi. Gli arcieri saranno utilizzati ancora fino all'inizio del XIII secolo, anche se ampiamente sottovalutati.

Strategie e tattiche

Nella guerra contro Milano, Federico, utilizzo la classica strategia della terra bruciata. Distruggendo campagne e occupando i punti strategici, vitali all'economia nemica. Gli scontri campali erano quindi rari ma gli assedi e la distruzione di castelli e centri abitati erano frequenti. Si cercava d'interrompere i commerci e le linee di comunicazione in modo da costringere la parte più debole a cercare lo scontro aperto e risolutivo, come in effetti avvenne a Carcano.

La parte più importante degli eserciti tedeschi erano i cavalieri e la cavalleria. Essi si gettavano all'attacco in formazioni chiuse e compatte in modo da travolgere qualsiasi ostacolo e avversario.

La lancia veniva tenuta in resta per avere una maggior penetrazione nell'impatto contro le armature nemiche, successivamente, se la lancia si spezzava al primo impatto, i cavalieri

▲ Cavalieri con scudi dipinti con semplici stemmi araldici. (Capitello del portale della chiesa di Gabarnac Gironda XII secolo).

continuavano a combattere utilizzando spade e mazze.

Scarsa importanza era data alla fanteria tedesca, utilizzata in compiti secondari e di posizione. In Italia Federico faceva affidamento sulle fanterie dei comuni alleati.

Con la cavalleria l'imperatore poteva bloccare velocemente le fortezze nemiche o, addirittura, cercare di prenderle d'assalto, penetrando attraverso le porte nemiche. Così come accadde durante il primo assedio di Milano nel 1158.

La pianura padana era poi il campo ideale per le pesanti cavallerie feudali che, rapidamente, potevano spostarsi da un punto a un altro del teatro di guerra. Le cronache narrano come il Barbarossa, impegnato con il suo seguito in lunghe cavalcate di guerra nella pianura padana, non scendesse neppure da cavallo per consumare il suo pasto, tanta era la necessità nel battere in velocità i nemici.

ESERCITI COMUNALI

Reclutamento

Milano, come tutti i comuni dell'epoca, si differenziava dalle armate feudali del resto d'Europa.

Il reclutamento avveniva con un sistema di leva obbligatoria, secondo la quale ogni abitante della città era tenuto a prestare servizio nell'esercito cittadino.

Come nelle campagne, anche nelle cerchie urbane, vi era una aristocrazia proveniente dall'antica feudalità locale e dal seguito militare dei vescovi conti, che pur mantenendo terre e feudi fuori dalla cerchia muraria del comune avevano deciso di vivere in città. Un esempio di questa classe sociale può ritrovarsi in Alberto da Giussano che pur avendo feudo lontano da Milano serviva sotto il vessillo della città di Ambrogio. Questi erano la classe cittadina dei cavalieri e provvedevano da sé all'armamento e al costoso destriero da guerra ed erano detti *primi militi* o *militi majores*, o più semplicemente milites.

Alla leva partecipavano tutti i cittadini maschi, di condizione libera, in grado di portare armi, di solito l'età andava dai 14 ai 70 anni o dai 18 ai 60 anni a seconda del comune o delle contingenze pratiche. Ai cittadini che servivano in armi veniva retribuito uno stipendio ed un'assicurazione in caso di ferite o di perdita della cavalcatura.

La classe dei *milites*, o cavalieri, non era numerosa nella società comunale, le famiglie appartenenti a questo ceto, abbastanza chiuso, potevano estinguersi o impoverirsi a tal punto da non potersi più permettere la panoplia da cavaliere.

Per rinfoltire la cavalleria pesante i comuni permisero ai giovani dei ceti emergenti di entrare a far parte della cavalleria cittadina. In particolare le famiglie dei mercanti la cui ricchezza permetteva di affrontare la spesa che comportava armare i cavalieri. I cavalieri non nobili erano detti *milites pro commune*. Con il tempo questa aristocrazia mercantile diverrà predominante sulla nobiltà feudale nel corso del XIII secolo.

▲ Spada del XII secolo con pomo a forma di mandorla.

▲ Il guerriero scolpito in rilievo porta un elmo con la protezione facciale (Chiesa romanica di San Michele, Sotosalbos Segovia tardo XII secolo).

L'ossatura degli eserciti comunali come Milano non erano i *Milites*, cioè la cavalleria, bensì i *Pedites*, la fanteria. In questa categoria ricadevano tutti i mercanti e gli artigiani della città, tra cui i più ricchi potevano permettersi un armamento a proprie spese mentre i più poveri, detti *invenes inferioris* erano equipaggiati alla meno peggio dal comune.

Le famiglie delle classi aristocratiche potevano avere una sorta di guardia del corpo, erede del *comitatus* dell'alto medioevo. In genere si trattava di servi armati dal loro signore, per difenderlo nelle lotte politiche all'interno della città. Questo tipo di seguito era ancora poco rilevante nel XII secolo, si sviluppò, con l'instabilità politica, dei secoli seguenti.

Gli arcieri erano tenuti in bassa considerazione ed erano reclutati tra gli strati più bassi della società comunale.

Altre truppe leggere erano armate di arco e frecce ed una corta spada, essi erano detti *bubulci* e *zafones*, provenienti dalle regioni dell'Appennino centrale.

Anche il contado che circondava la città partecipava alla leva del comune. Tra essi vi erano gli *scutiferi* cioè contadini liberi benestanti proprietari di un piccolo feudo, tra i vassalli appartenevano alla parte finale della piramide feudale e formavano un corpo di cavalleria leggera con il compito d'ingaggiare in ordine aperto il nemico prima della carica in ordine chiuso della cavalleria pesante.

Il ruolo degli *scutiferi* cominciò a declinare nel XIII secolo insieme a questa classe sociale.

Tra i più poveri vi erano i contadini nullatenenti che formavano la milizia rurale, il cui valore militare era alquanto basso, venendo utilizzati soprattutto per guastare le campagne nemiche nei frequenti raid che si effettuavano nelle guerre tra comuni.

Dimensioni

La potenza dei comuni nacque quando i feudatari locali permisero ai cittadini maggior autonomia per contrastare il potere dei vescovi nelle città stesse. I comuni aumentarono velocemente il loro potere grazie ai commerci e soprattutto alla riscossione delle tasse, parte delle quali erano imposte sottratte all'impero e ai feudatari maggiori.

Con queste ricchezze i comuni potevano mettere in campo degli eserciti di tutto rispetto, in particolare se si considera la realtà di una singola città.

I cittadini avevano l'obbligo di prestare servizio militare nel loro comune. Il loro successo era dovuto alla disciplina dell'esercito e alla ricchezza delle città che permettevano un armamento adeguato per un numero elevato di soldati.

Milano, la città più potente e popolosa del Regno d'Italia, a metà del 1100 poteva contare sulla forza di circa 2000 cavalieri, su circa 50.000 abitanti cittadini e qualcosa in più nelle campagne.

A Carcano l'aiuto ai milanesi di duecento cavalieri bresciani fu di grande aiuto in una compagine non troppo numerosa in fatto di cavalleria.

Questo numero mette in evidenza la scarsità degli effettivi che, anche in una guerra importante, vi era a quei tempi. Ciò risulta evidente anche dalle difficoltà di sfamare uomini e cavalli in campagne prolungate nel tempo, in relazione con una logistica poco sviluppata, con salmerie sempre alla mercé di sparuti drappelli di cavalleria nemici che si aggiravano nelle campagne a far razzie.

Le fonti non riportano il numero dei soldati coinvolti, ma può essere valutato in poche migliaia. Lo storico John France valuta in 3000 soldati le forze milanesi e dei loro alleati presenti a Carcano, con una proporzione maggiore in fanteria rispetto all'esercito imperiale. A ciò andrebbero aggiunti i 200 cavalieri bresciani giunti a rinforzo e la numerosa compagine della fanteria rurale proveniente dalle vicine località di Erba e Orsenigo.

A Legnano il contingente milanese era ancora il più numeroso. Misto milanese e bresciano era il contingente di cavalleria pesante in avanguardia di 700 uomini con cui si diede inizio allo scontro, ad essi vi si aggiunsero altri 900 cavalieri milanesi che in seguito vennero denominati come compagnia della morte. In realtà non è immaginabile che un contingente di cavalleria così numeroso per l'epoca, che annoverava la maggior parte della cavalleria pesante cittadina, potesse venir considerato come un reparto d'élite, non è credibile che questo reparto tenuto in riserva avesse potuto avere delle funzioni diverse dal reparto dell'avanguardia. L'unica differenza era semmai con le cavallerie pesanti delle altre città, motivo per il quale i milanesi vollero successivamente distinguersi tramite leggende tese a glorificare la propria cavalleria. Ciò anche a prescindere di giuramenti che poterono effettivamente essere stati fatti alla vigilia della battaglia.

La cavalleria degli altri comuni era meno numerosa ma, probabilmente, altrettanto agguerrita; 300 cavalieri da Novara e Vercelli, 200 da Piacenza e 50 da Lodi. Altri contingenti minori venivano da Brescia e da Verona e dalla marca Trevigiana. Si trattava di una forza stimata di circa 2500 cavalieri. La fanteria era ovviamente più numerosa, con il contingente milanese di soli 900 fanti della milizia urbana accompagnati dal Carroccio della città. La stima che il numero complessivo della fanteria potesse aggirarsi intorno le 4000 unità non dovrebbe allontanarsi troppo dal vero.

Organizzazione

L'esercito cittadino di ogni comune era diviso in quartieri che corrispondevano alla suddivisione della città stessa. Era quindi la provenienza dei soldati dai rispettivi quartieri dove vivevano che automaticamente l'inseriva in un reparto militare che normalmente prendeva il nome dalla porta delle mura che interessava quel dato quartiere. Ogni quartiere, o per meglio dire, ogni porta, aveva la sua particolare insegna.

▲ Scultura in arenaria di un guerriero. L'elmo conico è rinforzato nella parte frontale ma non ha il tipico nasale. (particolare del portale della Chiesa di Kilpeck, Hereford, Inghilterra, metà XII secolo).

Durante le campagne militari ogni quartiere veniva mobilitato a turno in modo da permettere alla città di continuare le normali attività lavorative e di lasciare all'interno della cinta muraria un congruo numero di difensori in caso di necessità. Ogni parrocchia della città e ogni borgo del territorio antistante le mura cittadine armavano una compagnia. Le compagnie stesse, riunite sotto il vessillo della propria Porta, andavano a formare una legione comandata da un console.

Milano aveva sei Porte che davano il nome ad altrettanti quartieri; Porta Vercellina, Porta Comacina, Porta Nuova, Porta Romana, Porta Ticinese e Porta Orientale. Nella seconda metà del XII secolo l'organico complessivo delle Porte milanesi era di 30 compagnie di cavalleria e 100 di fanteria. Tutte e sei le Porte milanesi parteciparono allo scontro di Legnano.

Ognuna di queste porte combatteva sotto il proprio vessillo; la porta Romana aveva un vessillo rosso, la Ticinese bianco, la Vercellina rosso nella parte superiore e bianco in quella inferiore, la Comacina a strisce rosse e bianche, la Nuova combatteva sotto un vessillo su cui capeggiava un leone bianco e nero e la Orientale un leone nero. Tutti seguivano, però, lo stendardo comunale dalla croce rossa in campo bianco.

Nella luglio del 1160 a Carcano furono tre le "Porte" di Milano ad essere coinvolte nell'assedio del castello di Carcano; Porta Vercellina, Porta Comacina e Porta Nuova. Dopo otto giorni d'assedio vennero inviate altre tre Porte per dare il cambio alle prime tre. Successivamente richiamate velocemente, quando divenne chiaro che vi sarebbe stato uno scontro decisivo con le truppe del Barbarossa, le porte coinvolte nello scontro campale furono cinque.

Ogni "Porta" era poi divisa secondo le varie parrocchie di residenza dei soldati. Durante l'anno, ai fini addestrativi, si tenevano dei tornei dove ogni quartiere era tenuto a partecipare sotto le proprie insegne. Da ciò sarebbero nati i palii medievali che ancora si disputano in alcune città.

Il gonfalone era lo stendardo di guerra; di forma rettangolare e, appeso ad un pennone orizzontale, portava le insegne della città di Milano; una croce rossa in campo bianco. Questo stendardo era associato alla croce di San Giorgio, santo militare per eccellenza, in uso presso molti altri comuni dell'epoca come Bologna e Venezia, ma anche Stati come la Francia e l'Inghilterra adottarono tale simbolo. La sua origine va fatta risalire alle crociate e al valore spirituale che da ciò ne derivava. Per i comuni vi era inoltre il significato simbolico delle due classi che formavano la città: il rosso dei nobili e il bianco dei borghesi.

Chi portava questo stendardo era detto gonfaloniere. Il ruolo di porta insegne fu sempre fondamentale negli eserciti medievali, tanto che il gonfaloniere nel corso del XIII secolo divenne una carica magistrale dei comuni.

Lo stendardo con la croce di San Giorgio veniva issato sul pennone del Carroccio. Il Carroccio, già esistente, come attestato dai documenti dell'epoca, a Milano nel 1036 ai tempi di Ariberto d'Intimano, aveva un origine sacra ed era conservato nella chiesa del Duomo. Decorato in rosso, con un alto pennone che reggeva il grande gonfalone, il Carroccio venne adottato dagli altri comuni entro la fine del XII secolo. I comuni erano usi battezzare il Carroccio; così a Parma venne detto Balncardus mentre a Cremona Bertha.

Il Carroccio veniva portato al seguito dell'esercito solo in caso di mobilitazione generale, quando tutte le Porte, al completo, venivano impiegate.

La funzione del Carroccio era quello di rinsaldare il morale dei soldati e di fissare un punto di riferimento nella confusione della battaglia, sopra di esso erano tenute funzioni religiose. Intorno al Carroccio si radunavano i feriti e i dispersi. Sembrerebbe che questo strumento di guerra fosse utile soprattutto per la fanteria che vedeva nel Carroccio un punto

▲ Capitello raffigurante un guerriero con uno dei primi elmi a maschera facciale di protezione. (*Ausschnitt eines Reliquienschreines aus Elfenbein*, Köln 1. Hälfte 13. Jh., Württembergisches Landesmuseum Stuttgart, seconda metà XII secolo).

fermo in cui radunarsi e fare quadrato per difendersi dagli attacchi della cavalleria nemica. La diffusione del Carroccio si ebbe in effetti tra le principali città comunali d'Italia, Francia e Germania, ma non tra gli eserciti feudali dell'epoca in cui prevaleva la cavalleria. La perdita del Carroccio in battaglia era l'umiliazione maggiore e poteva pregiudicare le sorti di una guerra. Il Barbarossa per umiliare i milanesi dopo la resa, nel 1162, chiese la consegna del Carroccio cittadino.

L'armata feudale era basata sui contadini sudditi del feudatario, mentre le armate cittadine provenivano dalla leva urbana, formata in larga parte di artigiani e commercianti. Questo, con l'espandersi dei comuni e l'aumento delle lotte politiche nel corso del XIII secolo, portò ad un sempre maggior impegno militari difficile da tollerare per chi, come mercanti e artigiani, aveva altre occupazioni a cui far fronte. Le necessità di svincolare chi faceva la guerra solo per necessità dagli obblighi militari, porterà i comuni ad adottare un sempre maggior numero di mercenari per la difesa cittadina, tanto che nel XIV secolo i condottieri faranno parte del normale panorama italiano.

Armamento

Fin dalla prima metà del XII secolo, Milano e il suo contado, contavano numerose botteghe artigiane impegnate in una notevole produzione d'armi che rendeva la città uno dei più importanti centri europei nella fabbricazione e esportazione di armamenti. Questa caratteristica permetteva alle milizie cittadine di rifornirsi di un armamento vario e ricco.

L'armamento con cui si equipaggiavano i soldati comunali non era molto diverso da quello dei loro avversari d'oltralpe e dell'Europa occidentale in genere.

Vi erano delle peculiarità dovute ad una maggior preminenza della fanteria rispetto alla cavalleria, ciò portò alla realizzazione di particolari armamenti.

I fanti più ricchi potevano avere in dotazione una armatura ad anelli del tipo utilizzata dai cavalieri, in cui solo la gamba sinistra, quella più esposta all'offesa nemica, era protetta da una copertura di maglia metallica. Più spesso, però, i fanti non portavano nessun tipo di armatura, indossando solo un elmo di tipo normanno con o senza paranaso, l'elmo conico poteva essere allungato sulla nuca per fornire una maggior protezione o inclinato sulla punta in avanti. Altri elmi più poveri erano fatti assemblando diverse placche di ferro rivettate tra loro a formare un elmo segmentato.

La fanteria era spesso dotata di grandi scudi detti Pavese, con la caratteristica forma ad aquilone ma con la base inferiore quadrata per essere meglio appoggiati sul terreno. Di norma gli scudi ad aquilone di legno e cuoio, usati all'epoca, avevano un umbone centrale e spesso erano rinforzati da barre metalliche. L'araldica dipinta sulla scudo non era ancora molto sviluppata, anche se di solito gli si dipingeva sugli scudi la croce di San Giorgio.

La cavalleria, equipaggiata in modo analogo a quella imperiale, poteva portare un elmo tondeggiante con un orlo allungato che avvolgeva la testa ed una cresta appena accennata, questo tipo di elmo, in uso all'epoca, era caratteristico dei confini orientali d'Italia, molto usato anche dai cavalieri nei Balcani.

Un arma particolare usata dalle fanterie comunali era una pesante spada, non troppo lunga, a forma di falcetto, usata nei corpo a corpo.

Le città marinare come Genova e Venezia svilupparono tattiche e armi grazie alle loro conoscenze sui popoli bizantini ed islamici con cui intrattenevano stretti rapporti commerciali. Un caso emblematico è la balestra composita, costruita cioè utilizzando diversi materiali, già impiegata da tempo dai normanni. I primi resoconti in area imperiale si hanno infatti nelle città marinare di Pisa e Genova, rispettivamente in documenti del 1162 e 1181, e durante questa prima guerra tra Barbarossa e comuni. Da allora queste armi si diffusero tra le fanterie del nord Italia e i balestrieri genovesi diventeranno i più rinomati d'Europa per molti secoli a venire.

L'utilizzo di questa nuova arma portò ad un incremento tecnologico nella realizzazione delle protezioni, con armature più pesanti e la dotazione di una armatura anche per i cavalli dei cavalieri. Le prime balestre non avevano comunque la staffa da utilizzare nella ricarica, innovazione che si diffuse solo a partire dalla metà del XIII secolo.

Strategie e tattiche

Anche per i comuni, come per il resto del mondo feudale, il modo usuale nel condurre la guerra era quello delle "cavalcate" o delle razzie in territorio nemico per danneggiarne l'economia.

In modo particolare nei conflitti tra comuni era frequente l'invasione delle campagne e il guasto del raccolto e delle piante da frutto mentre, la città che subiva l'attacco, si rinchiudeva nelle sue forti difese. La cavalleria era a volte sufficiente a bloccare una fortezza o addirittura un centro abitato.

Quando poi una città riusciva a sottometterne un'altra, come nel caso di Milano con Lodi, spesso se ne abbattevano le mura e, dopo aver distrutto le case dalle fondamenta, se ne deportavano gli abitanti, solo le chiese venivano lasciate tranquille al loro posto. In questa situazione le battaglie propriamente dette (uno scontro decisivo con il massimo della violenza nel minor tempo) erano molto rare, vi erano al contrario numerosi scontri minori, in special modo tra i cavalieri che razziavano il contado in lungo e in largo, imboscate e attacchi ai carri di rifornimenti erano le modalità preferite d'azione.

Nelle battaglie i reparti si schieravano suddividendosi tra *Milites* e *Pedites*. Al di là di cavalieri e fanti non esistevano all'epoca unità specializzate che appariranno solo all'inizio del 1200 con compagnie di arcieri e balestrieri. I fanti si raggruppavano a seconda delle loro consorterie e parentele piuttosto che dal tipo d'armamento impiegato, che, in ogni caso, era abbastanza uniforme.

I fanti combattevano in ordine chiuso con grossi scudi e lunghe lance, di solito la formazione adottata era massiccia e rettangolare. A supporto

▲ Scultura spagnola di guerriero con elmo dotato di protezione per il viso risalente alla metà del 1155, una delle prime testimonianze in assoluto di questo tipo di elmo. (Santa Maria la Real, Sanguesse, Navarre, 1155).

della fanteria vi erano limitati contingenti di arcieri che, mischiati alla fanteria, coprivano il movimento della formazione dei fanti. Usualmente i fanti cercavano lo scontro contro la fanteria avversaria mentre la cavalleria combatteva con quella nemica. Se capitava che la cavalleria attaccasse la fanteria era di solito quest'ultima specialità ad avere la peggio.

Di norma la fanteria era designata come una forza statica che manteneva una posizione precisa del campo di battaglia.

La cavalleria era di solito schierata davanti alla fanteria o anche su un fianco, spesso anche a notevole distanza dalla fanteria, cosa che portava a condurre azioni del tutto autonome delle due specialità, così come accadde a Carcano.

Il Carroccio era utilizzato in modo statico sul campo di battaglia, in modo da dare un punto fisso alle truppe nello svolgersi tumultuoso dell'azione. Solo nel XIII secolo il Carroccio verrà utilizzato in battaglia in movimento, guidando le cariche della fanteria come un ariete, su cui erano posizionati i balestrieri ma, nel periodo considerato, la sua funzione era principalmente di aiuto morale.

▲ Il capitello mostra in dettaglio la tipica armatura dell'epoca, la cui protezione copriva la parte bassa del viso. Efficace contro i colpi di punta e di taglio lo era meno contro i colpi di botta. (La strage degli innocenti, Aguilar de Campo, eremo di Santa Cecilia XII/XIII)

II: LA FURIA DEL BARBAROSSA

La discesa dell'esercito imperiale in Lombardia

In assenza dell'imperatore dall'Italia il papa, di origine inglese, Adriano IV decise di venire ad accordi con i Normanni, atavici nemici dei pontefici. Egli non tollerava la politica del Barbarossa che aveva la pretesa di nominare, in prima persona, i vescovi, e, poi, era irritato con Federico che aveva tentato di rioccupare Roma per insediarlo, in quella sede pontificia, senza riuscirci. Adriano concesse l'investitura del regno ai normanni compresa anche la città di Napoli. Egli si mise così sotto la protezione normanna sostituendola a quella tedesca, permettendogli una maggior libertà politica nei confronti delle ambizioni di Federico. Lo stesso re normanno Guglielmo, alle prese con una rivolta di baroni e minacciato dai bizantini, trovò nell'accordo un assicurazione contro le mire imperiali sui suoi territori. L'accordo stipulato a Benevento era in aperto contrasto con il trattato di Costanza stipulato tra Federico e la chiesa, a danno del regno Normanno. Per informare l'imperatore delle mutate condizioni diplomatiche il papa inglese decise d'inviare alla corte del sovrano tedesco due cardinali, uno dei quali era il bolognese Rolando Bandinelli, il futuro Alessandro III.

Nell'ottobre del 1157 a Besançon, nel regno di Borgogna, Federico tenne una dieta imperiale. In quell'occasione i due alti prelati ottennero udienza durante il simposio.

L'esposizione dei cardinali partì subito male quando il Bandinelli, leggendo la missiva del papa, pronunciò la frase *"conferre beneficia"*, che poteva essere interpretata come conferire benefici o feudi, rendendo implicito che l'imperatore era un vassallo del papa. Alla richiesta di spiegazione degli astanti, il cardinale rincarò la dose dicendo: "E da chi altri mai l'imperatore ha avuto l'impero se non dal papa?". A queste parole si scatenò un putiferio, con il tentativo di linciaggio dell'alto prelato. Il conte Ottone di Wittelsbach stava già per infilzare il Bandinelli con la sua spada se Federico non si fosse frapposto salvando la vita al futuro papa. I motivi di tale atteggiamento della curia romana va forse ricercato nel fatto che essi stavano sondando il terreno, verificando la fedeltà del clero tedesco verso l'imperatore, e, in particolare, del primo consigliere di Federico, il cancelliere e futuro

▲ Trasporto truppe in un lungo carro militare. Si possono osservare le varie tipologie di elmi illustrate (Hortus Deliciarum Bl. XLVII, fine XII secolo).

▲ Castel Appiano, appartenente all'omonima famiglia altoatesina risalente alla metà del XII secolo. Venne conquistato dalle truppe di Enrico il Leone durante la discesa del Barbarossa in Italia. (Wikipedia)

▼ Castello di Trezzo sull'Adda. L'attuale castello è di epoca viscontea ma, in precedenza, sullo stesso luogo, si trovava il castello conteso tra il Barbarossa e Milano. Più volte assediato, conquistato e distrutto, il luogo dove sorge il castello si rilevò strategico per le armate che si contendevano il passaggio su entrambe le sponde dell'Adda. (Wikipedia)

arcivescovo di Colonia Rainaldo di Dassel, per capire fin dove la politica papale poteva spingersi.

Le successive scuse di papa Adriano rinviarono il conflitto solo di poco tempo. Con l'ascesa di Bandinelli al soglio pontificio lo scontro si sarebbe inasprito, portando allo scisma della cristianità. Il papato si sarebbe alleato ai comuni, non per raggiungere un comune scopo, ma per contrastare un nemico comune. La lotta, dura e sanguinosa, si sarebbe conclusa solo un decennio più tardi, dopo Legnano e l'incontro tra Federico e Alessandro III a Venezia nel 1177, con un certo margine a favore del Vaticano.

Nello stesso periodo le lamentele dei comuni lombardi contro Milano si susseguivano presso la corte imperiale, rafforzando in Federico la decisione di organizzare una spedizione in Italia, per piegare la riottosa città.

Milano aveva cominciato una sua personale lotta contro i dettati di Ratisbona ancor prima che l'imperatore lasciasse l'Italia durante la sua prima permanenza, mostrando il completo disinteresse per le delibere imperiali, mentre, Federico, era impegnato a risolvere la questione papale a Roma.

Già durante il suo viaggio di rientro nelle sue terre germaniche l'imperatore mise il bando su Milano, spalleggiato dai consoli di Novara, Pavia e Cremona. A quest'ultima città, fedele all'impero, vennero concessi tutti i privilegi tolti a Milano, tra cui il diritto di battere moneta.

La città di Milano si era fatti molti nemici in Lombardia. Nell'intento di controllare le vie di commercio aveva attaccato Lodi e Como, sconfiggendole. In particolare Lodi, dopo essere stata conquistata a viva forza, aveva dovuto subire la distruzione e la deportazione degli abitanti. Solo le chiese lodigiane furono risparmiate dall'incendio devastatore.

Milano minacciava poi i commerci di Cremona, appoggiando la piccola ma combattiva città di Crema e, per ostacolare i commerci della confinante Bergamo, si era alleata a Brescia. Anche Pavia era in avversione a Milano insieme a Genova e Novara, così come Parma e la maggioranza dei grandi feudatari del regno a parte il conte di Biandrate Guido III i cui possedimenti sul Ticino lo rendevano un alleato prezioso ai milanesi, anche se il conte era parimenti fedele all'imperatore.

Milano attaccò in particolar modo Pavia e, dopo una battaglia campale vittoriosa, s'impadronì di Vigevano, venendo anch'essa distrutta.

Incurante degli anatemi imperiali, Milano, mise alacrità e impegno nella ricostruzione di Tortona. Fortificando diverse località sotto il suo dominio, come Trecate, Galliate, Trezzo e il ponte sul Ticino, già distrutto nella prima discesa dell'imperatore. Milano prese inoltre a ristrutturare le proprie mura scavando un profondo fossato. Il costo di questi lavori ammontò a ben 50.000 marche d'argento. Tutto questo in previsione di uno scontro con le truppe imperiali che non avrebbe tardato a materializzarsi.

Federico per preparare la spedizione militare inviò in Italia due suoi legati; Rainaldo di Dassel e Ottone di Wittelsbach. Essi ottennero la conferma della fedeltà dei comuni contro Milano. Piacenza offrì 100 cavalieri e 100 arcieri per la guerra e anche molti comuni del centro Italia come Pisa e Genova offrirono la loro collaborazione.

I due legati si mossero poi nelle Marche dove si ebbero dissidi con l'ambasciatore che Bisanzio aveva inviato, con il rischio di spingere i bizantini ad un alleanza con i normanni e il papato in funzione antimperiale nel sud Italia.

L'8 giugno 1158, giorno di Pentecoste, Federico radunò l'esercito ad Augusta. A far parte dell'armata vi erano i grandi feudatari del regno, come il duca Enrico il Leone, il duca d'Austria, quello di Boemia e di Carinzia, il landgravio di Turingia e l'arcivescovo di Treviri.

L'armata era divisa in tre contingenti principali che dovevano convergere sull'Italia da tre passi alpini; il corpo principale, guidato da Federico e proveniente da Augusta, avrebbe attraversato il passo del Brennero. I contingenti provenienti dalla Lorena e dalla Borgogna, al cui comando era

Bertoldo di Zaringa, passarono per il Gran San Bernardo, mentre dal Friuli, da Canale, arrivarono le armate inviate dal re d'Ungheria con quelle provenienti dalla marca orientale Austriaca, al comando di Enrico d'Austria e del duca di Carinzia. Un quarto corpo minore, con truppe sveve, passò per il passo dello Spluga discendendo da Chiavenna.

La disciplina imposta da Federico alle sue truppe era severa e precisa. I punti di rifornimento lungo la strada erano stati preparati con cura, così come la tabella di marcia. Tutto questo spiegamento di forze per sconfiggere un'unica città era davvero impressionante. Ci si rendeva conto a quale livello di potenza e di capacità di minaccia per l'impero era giunta la città Lombarda. Milano poteva ben esserne orgogliosa.

La furia di Federico si abbatté ancora prima di raggiungere il Regno d'Italia. I primi a farne le spese furono gli Appiano; importanti feudatari sud tirolesi. L'Alto Adige faceva parte del regno tedesco da quando il re d'Italia Berengario vendette la regione nel X secolo.

Gli Appiano erano incorsi nelle ire imperiali quando avevano sequestrato e rapinato una carovana di legati pontifici diretta alla corte di Federico. Enrico il Leone si prese l'incarico di assediarne i castelli e distruggerli. Dopo questi eventi gli Appiano non si risolleveranno più, perdendo il loro potere nella regione a favore dei loro acerrimi nemici, i Tirolo, da cui derivò il nome alla regione.

Entrato in Lombardia, il 10 luglio, il Barbarossa assediò Brescia, città alleata di Milano. Alle truppe assedianti si unirono i bergamaschi che si misero a rovinare il contado della città avversaria. Alla vista della distruzione delle loro campagne i bresciani intavolarono subito trattative con Federico, accettando di fornire soldati alla spedizione contro Milano, dando in garanzia della loro fedeltà alcuni ostaggi.

Messi milanesi chiesero udienza all'imperatore cercando un compromesso, Federico aveva ormai deciso di dare una lezione ad una città delle cui promesse non aveva più fiducia.

L'esercito avanzò su Milano ma trovatosi davanti l'ostacolo dell'Adda in piena, i cui ponti erano presidiati, fu necessario cercare un guado per creare una testa di ponte sulla riva occidentale.

Il duca di Dalmazia e Vladislao di Boemia trovarono un passaggio presso il ponte di Cassano d'Adda riuscendo a guadare il fiume con alcuni cavalieri che attaccarono il presidio di Cassano, costituito da 1000 cavalieri milanesi affiancati da numerosi contadini del posto. Attaccati da entrambe le sponde, i milanesi, fuggirono verso Milano, non prima d'aver guastato il ponte che crollò sotto il peso delle armate imperiali in transito.

A fine luglio i Boemi occuparono il castello di Trezzo, permettendo all'armata di Federico di passare l'Adda. Il 5 agosto l'esercito imperiale si trovava davanti le turrite mura di Milano.

Il primo assedio di Milano e la seconda Roncaglia

I milanesi intenzionati a mettersi al riparo dalla tempesta che li stava investendo, decisero di rifugiarsi al riparo delle loro possenti mura, rifiutando ogni scontro in campo aperto in condizioni d'inferiorità. Le città lombarde erano ormai ostili a Milano, anche quelle alleate ora mantenevano, un atteggiamento neutrale o, come nel caso di Brescia, erano costrette a marciare contro l'ex alleata. L'unica speranza era di resistere all'assedio che si profilava, per poi intavolare trattative con l'imperatore.

Federico aveva posto il campo a pochi chilometri ad est della città. Non era sua intenzione attaccare e distruggere una delle più prospere città del suo regno, avrebbe preferito la resa dei milanesi, spaventati dalla disparità delle forze in campo. Di parere diverso erano le città da sempre nemiche di Milano, desiderose di vederne la rovina. A loro si aggiungeva il parere dei consiglieri più intransigenti di Federico tra i quali l'arcivescovo di Ravenna, Anselmo di Havelberg, che spingeva per un azione risolutiva della questione.

Il primo attacco alla città fu dovuto all'iniziativa personale di un nobile; il giovane Echeberto, che impaziente di combattere, alla vista di una porta milanese aperta, si lanciò all'assalto seguito da un migliaio di cavalieri. Lo scontro che si sviluppo nei pressi della porta fu subito violento. Molti milanesi accorsero a dar man forte alla guarnigione in difficoltà, alcuni cavalieri milanesi uscirono da altre porte per prendere in nemici alle spalle. Ad un certo punto della battaglia Echeberto venne ucciso da un colpo di lancia, gettando lo sgomento tra i cavalieri tedeschi che cercarono di mettersi in salvo, ma la maggior parte, inseguiti dalla cavalleria nemica, vennero uccisi e catturati.

Federico si adirò molto per questo episodio da lui non voluto, a questo punto non poteva più tergiversare e si mosse finalmente sotto le mura di Milano, iniziando il regolare assedio.

Vennero bloccate tutte le entrate alla città, dividendo l'esercito in sette corpi, uno per ogni porta. I cronisti asseriscono che l'armata imperiale a Milano potesse contare 15.000 cavalieri e ben 100.000 fanti, certo, a giudicare dal numero delle città e nazioni al seguito del Barbarossa, la cifra poteva essere considerata verosimile.

Davanti ad ogni accampamento vennero predisposte opere di trinceramento con palizzate e fossati. Nel frattempo si realizzarono le macchine d'assedio per un eventuale assalto. Tra gli assedianti si trovavano anche i primi balestrieri, provenienti da Genova e Pisa.

I milanesi, fiduciosi nelle loro mura, erano ansiosi di battersi. Al comando delle schiere cittadine vi erano i conti Anderico di Martesana, Anselmo di Mandello, Uberto di Sezza e il marchese d'Este Rinaldo. Durante l'assedio vi furono diverse incursioni dei milanesi contro gli accampamenti nemici.

Durante una notte venne presa di mira l'accampamento di Vladislao di Boemia, posto presso la chiesa di San Dionigi. Alcuni soldati si avvicinarono silenziosamente, riuscendo ad entrare nell'accampamento dove dormivano i soldati di Corrado, conte palatino del Reno e fratello del Barbarossa, sorpresi nel sonno molti furono uccisi nei loro giacigli, fino a quando qualcuno non dette l'allarme, scatenando una battaglia notturna. Inseguiti fin presso il fossato delle mura di Milano, gli incursori si ritirarono prima al sicuro delle mura, ma quando il conte palatino Ottone diede fuoco al ponte sul fossato i milanesi tornarono all'assalto ingaggiando uno scontro alla luce dell'incendio del ponte.

Scontri e sortite di questo tipo si susseguirono in quei giorni d'agosto di duro assedio. In uno di questi cadde in combattimento l'arcivescovo di Ravenna Anselmo di Havelberg, uno dei più intransigenti fautori della politica di ripristino dell'autorità imperiale.

Nello stesso tempo le macchine ossidionali degli assedianti vennero messe in funzione, colpendo le mura e la città. Venne presa di mira in particolare una torre posta poco fuori alla cerchia muraria, detta Arco Romano perché sostenuta da pilastri di epoca antica, tenuta da 40 soldati. Gli imperiali riuscirono ad espugnarla dopo otto giorni, quando incominciarono a demolire i pilastri, costringendo la guarnigione alla resa. Su quella torre i

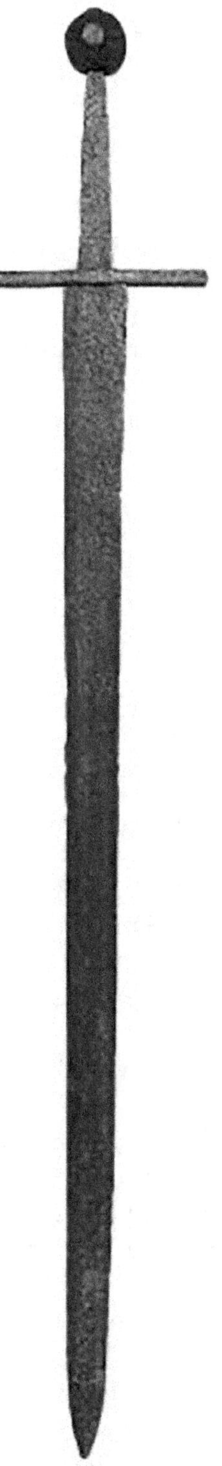

▲ Spada del XII secolo

soldati imperiali sistemarono una catapulta, per colpire meglio la città. La torre venne però distrutta dal tiro ben assestato di un onagro milanese.

Malgrado questi successi il morale dei milanesi andava però scemando. Dalle loro mura potevano osservare le loro campagne incendiate e rovinate dalle mani nemiche. La situazione sanitaria e logistica cittadina andava rapidamente peggiorando. Ai 50.000 abitanti si erano infatti aggiunti altrettanti profughi in fuga dal contado. La possibilità di sfamare tutti, per un lungo tempo, stava scemando lentamente e le malattie, dovute al sovraffollamento, incominciavano a mietere le prime vittime. Inoltre, l'impossibilità manifesta di ottenere qualsiasi vittoria contro un nemico così numeroso, portava anche i più bellicosi ad interrogarsi sul futuro.

In questa situazione il conte Guido di Biandrate consigliò all'arengo d'intavolare trattative di resa con l'imperatore. Ricordando l'obbedienza di Milano a Carlo Magno e a Ottone egli convinse il popolo ad affidarsi alla clemenza di Federico. Guido prese contatti con il campo imperiale tramite la mediazione dell'arcivescovo Oberto.

La resa incondizionata venne offerta all'imperatore il 7 settembre, dopo circa un mese d'assedio. L'imperatore, con la sua armata, si allontanò da Milano. Le cronache indicano che si allontanarono di quattro miglia, lì, i milanesi tutti sfilarono in processione, in segno di sottomissione. Ad aprire il corteo l'arcivescovo di Milano seguito dal clero che reggeva delle croci, venivano poi i consoli e i nobili, scalzi e vestiti a lutto con le loro spade sguainate appese a tracolla. Infine i popolani che recavano un cappio al collo a significare ciò che avrebbero meritato.

Federico pronunciò un discorso conciliatore dicendo: *"Preferisco premiare anziché punire, ma nessuno dimentichi che mi si piega più con l'obbedienza che non con la violenza. Confido che da oggi in poi questa città, rimanendo sempre sulla retta via, provi non già la severità e la potenza, ma la grazia e la mitezza del suo principe"*.

Quel giorno, sulla torre del Duomo, sventolava l'aquila imperiale.

Milano dovette pagare 9000 marche d'argento, impegnarsi a ricostruire Lodi e Como, città, quest'ultima, danneggiata delle incursioni milanesi dell'anno precedente. Inoltre la città doveva fornire 300 ostaggi, presi tra le famiglie più autorevoli. A ciò si aggiungevano tutte le regalie e i diritti appartenenti all'impero, così come sancito dalla prima dieta di Roncaglia. A queste condizioni Federico scioglieva il bando sulla città che, ormai, gravava da alcuni anni.

Nei giorni successivi l'imperatore si portò a Monza per una fastosa cerimonia d'incoronazione a re d'Italia con la Corona Ferrea. Visitò poi il suo regno fino alla Toscana.

Il giorno di San Martino, 11 novembre, era a Roncaglia per la seconda dieta indetta su quei prati. In quell'occasione vennero ribaditi con più forza i diritti imperiali sulle regalie, in ciò aiutato dai giuristi dell'università di Bologna che riconobbero che: "Tutto è dell'imperatore". Vennero poi elencate tutte le attività produttive del regno con annessi i vari pedaggi, balzelli e tasse con le diverse prerogative date in affidamento ai comuni. A questo scopo venne redatto un documento chiamato *"Constitutio de regalibus"*. Mentre per tutelare la pace nella regione, limitando le guerre locali venne emessa la *"Constitutio pacis"*, con il divieto di creare alleanze (dette leghe) tra comuni. A ciò si aggiunse l'accettazione del controllo dei legati imperiali sulle attività cittadine. In particolare l'introduzione del podestà, un magistrato di nomina imperiale con poteri amministrativi e giudiziari che avrebbe sostituito, i consoli, la cui elezione, nelle città in cui non veniva imposto il podestà, doveva essere confermata dall'imperatore, in cambio di una certa quota di denaro per usufruire di questa regalia.

Milano inoltre era costretta alla costruzione di un palazzo imperiale entro le sue mura, del tipo del *palatium* già esistente a Pavia, simbolo dell'autorità imperiale e centro di raccolta dei vari balzelli. In precedenza proprio a Pavia, nel 1024, si era scatenata una rivolta cittadina che aveva raso al suolo il palazzo imperiale e quasi costava la vita all'imperatore di allora Enrico II. A Milano erano stati anche tolti diversi territori controllati dalla città come la città di Monza, il territorio del Seprio (Varesotto) e della Martesana (antica Brianza).

In generale tutto ciò si traduceva in una grossa limitazione alle libertà comunali per tutte le città. Diminuzione degli introiti nelle casse cittadine e la fine dell'attività politica.

Malgrado tutto, per i comuni nemici di Milano, era ancora troppo presto per rendersi conto delle condizioni sfavorevoli che, in parte, avevano contribuito a creare per difendersi dalla politica aggressiva di Milano e delle sue città alleate. Solo la distruzione definitiva di Milano e la totale vittoria imperiale porterà ad un diverso atteggiamento dei comuni verso le delibere federiciane a Roncaglia.

L'assedio di Crema

Durante la dieta di Roncaglia l'imperatore svevo aveva smobilitato gran parte del suo costoso esercito. L'Italia sembrava ormai pacificata. Vennero inviati a far visita alle varie città lombarde i soliti legati imperiali; Rainaldo di Dassel e Ottone di Wittelsbach, con l'incarico di valutare le situazioni comunali e sostituire, eventualmente, i consoli con podestà di loro nomina.

Fu in quel momento che tra i cittadini, preso atto delle delibere di Roncaglia, incominciò a sorgere un forte partito antimperiale.

A Genova le decisioni della dieta vennero contestate per vie legali, tramite l'invio di giuristi. A Piacenza, in ossequio al nuovo clima di pace, venne emessa l'ordinanza di abbattere le torri cittadine troppo alte, creando non pochi malumori.

Ancora peggio fu l'accettazione del Barbarossa di accondiscendere alle richieste dei cremonesi di abbattere le mura della piccola città di Crema. In cambio di questa delibera Cremona versò a Federico l'astronomica cifra di 15.000 marche d'argento, equivalente alla cifra raccolta in sei mesi dalla riscossione delle regalie in Italia.

I fatti di Piacenza e Crema erano particolarmente gravi agli occhi degli abitanti dei comuni italiani. L'imperatore da quel momento non rappresentava più l'autorità sopra le parti, in grado di giudicare in modo equanime. Egli, favorendo alcune città con donazioni di regalie e perseguendone altre, si abbassava a partecipare alle contese locali, piuttosto che esserne il giudice.

▲ Scultura di guerriero con ampio scudo a forma d'aquilone. L'elmo non ha nasale. (Barga, Duomo di Lucca, XII secolo circa).

A gennaio del 1159 i nodi arrivarono al pettine, quando il neo eletto vescovo di Colonia Rainaldo di Dassel e Ottone di Wittelsbach raggiunsero Milano per insediarvi un podestà.

Sulle prime i cittadini ignari accolsero degnamente i due legati. I milanesi erano convinti che ai consoli, da loro eletti, sarebbe bastato prestare giuramento di fedeltà all'imperatore, cosa che ritenevano giusta e doverosa. Quando invece vennero a sapere che la città sarebbe stata governata da un podestà imposto dall'alto il popolo si ribellò. La sommossa partì dal Duomo, scatenata dai ceti medio bassi, sorprendendo i consoli e i nobili della città che stavano trattando, costringendoli, insieme ai due legati, a rinchiudersi nel palazzo del comune. Da lì, notte tempo Rainaldo di Dassel e Ottone di Wittelsbach vennero fatti fuggire fuori da Milano.

Federico, saputo dell'accaduto, capì che ombre minacciose si stavano profilando sull'orizzonte della sua pace. Sospettando prossima la guerra, l'imperatore inviò messi ai maggiorenti di Germania con la richiesta d'invio di rinforzi immediati. Nello stesso periodo, a febbraio, pensò d'incontrare una delegazione milanese a Marengo, solo per sentirsi rispondere che egli aveva violato i patti e quindi

▲ Particolare di strumenti d'assedio in azione contro una città del sud Italia (*Liber ad honorem Augusti*, Petrus d'Eboli, Berne, Bibliothèque de la Bourgeoisie, Cod. 120, II, fol. 111r°, 1195-1197).

essi stessi ritenevano rotto il loro giuramento di fedeltà. Federico con quella mossa riuscì solo a prendere tempo prima del nuovo scontro.

Il 12 aprile 1159, Federico stava celebrava con sfarzo la pasqua a Modena, quando gli fu comunicato che il castello di Trezzo sull'Adda era stato espugnato dai milanesi.

Il castello di Trezzo era un punto strategico per il passaggio sull'Adda ed era presidiato da una forte guarnigione. I milanesi, attaccando di sorpresa, riuscirono rapidamente a conquistarlo facendo 200 prigionieri. Successivamente ne abbatterono le mura.

Nella speranza di una rapida vittoria, Milano e le città alleate attaccarono di sorpresa i comuni avversari.

Milano e Crema cercarono d'impadronirsi di Lodi nottetempo. I milanesi assalirono le porte cittadine ad ovest, mentre i cremaschi quelle a nord. Se i milanesi riuscirono nel loro intento i cremaschi vennero sorpresi mentre forzavano il passaggio su un ponte del fossato, mettendo in allarme la guarnigione lodigiana che, con una pronta reazione, bloccò gli incursori. Lo scontro continuò fino alla mattina successiva sugli spalti e lungo il fossato ma ormai la sorpresa era persa e gli attaccanti furono costretti a ritirarsi.

Contemporaneamente anche i bresciani attaccarono Cremona, venendo rapidamente sconfitti davanti le mura cittadine lasciando sul terreno 400 uomini tra morti e prigionieri. Queste due sconfitte misero sulla difensiva i milanesi e i loro alleati, l'iniziativa passava ora al campo opposto.

A primavera inoltrata cominciarono ad affluire i rinforzi da oltralpe, andando ad affiancare le milizie del marchese del Monferrato e quelle di Guelfo marchese di Toscana. Federico non aveva deciso quali mosse intraprendere, se attaccare direttamente Milano o assicurarsi prima le retrovie, colpendo le città alleate a Milano.

Cremona insistette per attaccare la sua rivale da sempre; Crema. Per convincere meglio l'imperatore per questa mossa, venne pagata la cifra di 11.000 marchi d'argento. Già un'altra volta i cremonesi

▲ Scena d'assedio. Da un codice del 1170. La figura in primo piano mostra un elmo con il nasale a forma di T rovesciata così come il guerriero alle sue spalle, primo passo verso una protezione facciale completa (*Rolandslied des Pfaffen Konrad*, 1170, Libreria universitaria di Heidelberg, Cod. Pal. Germ. 112).

avevano persuaso l'imperatore Lotario II ad assediare la città rivale nel 1132, anche se in quella occasione con scarso successo.

Il 7 luglio 1159 i primi soldati di Cremona giunsero sotto le mura di Crema, dando avvio al regolare assedio. Otto giorni dopo anche il Barbarossa con le sue truppe giungevano a cingere la città. Nessuno avrebbe potuto prevedere che quell'assedio sarebbe durato ben sette mesi. Uno dei più lunghi e terribili di tutto il medioevo.

Da tempo Crema si preparava all'eventualità di un assedio. La guarnigione era stata rinforzata da 400 fanti al comando del console milanese Manfredo Dugnano, insieme a loro vi era anche un piccolo contingente di bresciani. In totale la popolazione assediata superava le 20.000 unità tra combattenti e civili.

Milano aveva ormai chiaro dove l'offensiva imperiale si sarebbe concentrata e avrebbe inviato altri rinforzi alla città cremasca se un drappello di 100 cavalieri pavesi non avesse intrapreso il saccheggio e la devastazione del contado a sud di Milano, uccidendo e distruggendo tutto ciò che capitava loro a tiro. I cavalieri milanesi si diedero all'inseguimento per annientare questi razziatori, senza sapere che stavano correndo il rischio di finire in una trappola. Federico, presi con sé 300 cavalieri tedeschi, insieme ad un contingente lodigiano, aveva preso accordi con i pavesi circa l'itinerario da prendere per tendere un imboscata al nemico. I cavalieri pavesi erano però troppo appesantiti dal bottino fatto in precedenza, tanto che vennero raggiunti e fatti a pezzi dai milanesi. L'imperatore intuendo cosa era accaduto andò incontro ai pavesi. A Landriano i milanesi vennero così attaccati di sorpresa sulla via del ritorno e sopraffatti.

Trecento furono i cavalieri prigionieri che vennero portati a Pavia, creando un forte sconcerto a Milano, condizionando le azioni future verso una maggior prudenza.

In quello scorcio d'estate i cremaschi potevano osservare il dispiegarsi della moltitudine di nemici intorno alle loro mura. Ogni lato era circondato, ogni porta bloccata. I cremonesi si erano accampati davanti alla porta di Ripalta, posizionata a sud, il conte palatino di Baviera Ottone con il duca Corrado conte palatino del Reno controllavano la porta d'Ombriano ad ovest, il figlio di Corrado, Federico, si occupò di bloccare la porta di Pianengo a nord, tra quest'ultima e la porta di Serio si posero i pavesi. L'imperatore aveva eretto il suo padiglione, donato dal re d'Inghilterra, davanti alla porta del Serio, al di là dell'omonimo fiume, in direzione est. All'arrivo dell'imperatrice e di Enrico il Leone, il 19 luglio, Federico si spostò tra la porta d'Ombriano e quella di Ripalta, lasciando al duca di Sassonia il campo della porta del Serio, che venne successivamente occupato dai bavaresi di Guelfo VI di Memmingen, duca di Toscana e Spoleto nonché possessore dei feudi che furono di Matilde di Canossa. Il Barbarossa mosse così il suo campo per essere più vicino ai cremonesi e alla loro torre lignea.

All'assedio parteciparono anche persone ai margini della società che armati di coltello e pietre speravano di arricchirsi con il saccheggio. La loro condotta spietata, verso i più indifesi, terrorizzava i cittadini di Crema. In riferimento ad Arnaldo da Brescia, il famoso capopopolo della repubblica romana fatto uccidere da Federico, erano soprannominati i bambini di Arnaldo.

Il blocco era dunque completo e per gli assediati era solo una questione di tempo. Dalla loro potevano contare su una gran scorta di viveri previdentemente accumulata, un profondo fossato a circondare le mura, diverse macchine ossidionali, tra cui mangani, catapulte e onagri, alla cui sovrintendenza vi era un ingegnere di provata abilità, un certo Marchese o Marchesius. Tra i difensori vennero impiegati anche i primi balestrieri che, come racconta il cronista lodigiano Ottone Morena, potevano colpire chiunque a loro portata, senza che l'armatura fosse di qualche utilità a fermare i potenti dardi.

Vi era inoltre la speranza che una armata milanese potesse soccorrere la piccola città assediata.

In effetti, i milanesi, in quel momento, approfittando dell'impegno su Crema dell'esercito imperiale, erano alle prese nella zona del lago di Como con l'assedio al castello di Manerbio, presidiato dai tedeschi. L'impegno non impedì al Barbarossa di distaccare cinquecento cavalieri, che al comando del conte Gossovino, puntarono su Manerbio. L'arrivo di questi armati bastò a scoraggiare i milanesi, facendoli desistere dall'assedio.

Dalla parte degli assedianti i più alacri nel costruire macchine da guerra furono i cremonesi. Essi costruirono tre enormi mangani che lanciavano massi enormi, a cui rispondevano le petriere cremasche, anch'esse di grandi dimensioni, capaci di lanciare le pietre nel campo avversario.

I cremonesi allestirono anche una enorme torre mobile in legno di quercia, un vero castello mobile azionato dalla forza di 500 uomini. Di forma quadrata, alta 100 piedi, era costruita su tre piani o livelli, il secondo livello era poco più alto delle mura cremasche, mentre il terzo livello, di dimensioni più contenute, permetteva di battere dall'alto le postazioni nemiche. La torre venne realizzata da un ingegnere proveniente da un soggiorno in Terra Santa, dove aveva appreso le raffinate tecniche d'assedio Mediorientali, forse il cremonese Tinto Musso di Gatta, ricostruttore delle mura di Lodi ed elevato alla dignità di conte il 30 dicembre 1159. Infine vennero approntati diversi gatti, cioè degli arieti coperti, atti a sfondare le mura o le porte cittadine. L'unico problema era che, sia la torre che i gatti, avrebbero dovuto sorpassare il profondo fossato per raggiungere le mura nemiche.

Nel frattempo i soldati imperiali si diedero alla consueta opera di devastazione del contado cremasco, distruggendo raccolti e villaggi.

I cremaschi non rimasero a guardare, sferrando una serie di sortite in massa che scatenarono violente battaglie davanti alle mura della città.

Per cercare di distruggere un mangano del duca Corrado i cremaschi uscirono numerosi, poco prima dell'alba, dalla porta d'Ombriano. Raggiunto il campo nemico riuscirono a dare alle fiamme solo i graticci e le palizzate che proteggevano la grande arma d'assedio validamente difesa. Il combattimento che presto ne scaturì con i tedeschi, impegnò duramente i cremaschi. Il conte Ottone raggiunse l'accampamento di Corrado mettendo in svantaggio gli assediati. Il combattimento fu spietato, quando quattro cremaschi caddero prigionieri, questi furono mutilati ed uccisi.

Ormai non si risparmiavano neppure i prigionieri. Nel tentativo di ritirarsi entro le mura, diversi cremaschi, per farsi strada nella calca, caddero nei canali pieni d'acqua che attraversavano la campagna, affogando. Ormai era giorno fatto e, dopo essersi ripresi i cremaschi tornarono all'attacco, uscendo sempre dalla porta d'Ombriano. Questa volta, ad avere la peggio, furono i tedeschi che si ritirarono in disordine inseguiti dagli assediati attraverso i canali.

L'inseguimento ebbe termine quando, ad uno stretto ponte su un canale, un cavaliere tedesco, che le cronache riportano con il nome di Furio (probabilmente un soprannome dato dagli italiani, visto il suo valore guerriero), da solo si oppose ai cremaschi, bloccandone l'avanzata.

L'arrivo di soldati imperiali dagli altri accampamenti scoraggiò gli assediati, i quali preferirono rompere il contatto con il nemico per rientrare nelle loro mura. La difesa di Furio del ponte non va considerata come una rielaborazione dell'archetipo del guerriero che da solo difende un ponte dall'assalto di una miriade di nemici, figura tanto in voga nel medioevo e nell'antichità, quanto piuttosto un fatto reale, così come venne tramandato, pur essendo di parte, dai cronisti cremaschi.

Un'altra importante sortita si ebbe quando gli assediati si accorsero che il Barbarossa si era assentato dal suo campo, lasciando il comando dell'assedio.

I cremaschi intenzionati a sfruttare l'occasione uscirono con 600 cavalieri per attaccare l'accampamento dell'imperatore. Qui la battaglia fu talmente sanguinosa che il fiume Serio si tinse di rosso. Solo a fatica gli assedianti respinsero i cremaschi verso le loro mura.

Irritato da questa sortita Federico decise di raddoppiare gli sforzi per conquistare Crema con la forza. Fece portare da Lodi legname e fascine per riempire il fossato nella zona della torre lignea dei cremonesi. Qui con un duro lavoro, riuscirono a riempire di terra il fossato, permettendo alla torre di avvicinarsi alle mura. L'avvicinamento fu però contrastato dai mangani che, a metà strada, danneggiarono la torre, bloccandone l'avanzata.

A settembre avvenne il fattaccio degli ostaggi cremaschi legati alla torre come scudi umani, non si sa se su istigazione dei cremonesi o su decisione di Federico. La faccenda era che, dopo alcuni mesi d'assedio, gli animi si erano esacerbati a tal punto che per concludere una guerra di posizione e di logoramento si sarebbe ricorsi a qualsiasi espediente. In realtà gli scudi umani erano già stati utilizzati durante la prima crociata ma, in quel caso si era trattato di mussulmani. A Crema era la prima volta che un fatto del genere accadeva in un conflitto tra cristiani.
Furono numerosi gli ostaggi cremaschi e milanesi che vennero legati nudi davanti la grande torre di legno cremonese. Vi era la certezza che vedendo i loro parenti ed amici, i difensori non avrebbero reagito e, magari, si sarebbero arresi.
Crema era una città piccola dove tutti si conoscevano, quando videro la torre avvicinarsi, poterono scorgere amici, parenti, padri, figli o anche solo conoscenti, legati a far da scudo alla macchina nemica. Sugli spalti si diffuse il silenzio, tutti ammutolirono a quella vista orrenda che mai si sarebbero aspettati.

La torre avanzava lenta senza che nessuno osasse parlare né fare nulla, tutti rimanendo soli con la loro angoscia. Quando un cremasco riuscì a vedere legati alla torre due suoi figli, allora, urlò: "Fortunati coloro che muoiono per la Patria e la libertà. Non temete la morte, che può solo renderci liberi. Se voi foste giunti alla nostra età non l'avreste voi disprezzata come facciamo noi".

A questa esortazione ne seguirono altre sugli spalti: "Si uccidano pure i figli, i padri e i fratelli ma si respinga l'assalto". A quel punto ogni indugio era rotto e sulla torre incominciarono ad abbattersi nugoli di frecce, mentre i grandi massi scagliati dai mangani colpivano la torre maciullando e distruggendo ogni cosa. Tale fu la foga nel colpire che la torre venne gravemente danneggiata, tanto che stava per essere completamente distrutta se non fosse stata ritirata in tempo prima di sfasciarsi completamente.

L'assalto era respinto ma nove degli ostaggi cremaschi erano rimasti uccisi insieme a quattro milanesi. Le cronache riportarono i nomi di alcuni di loro, come Truco dei Bonati, Aimo Gabiano e il prete dei Caluschi. Tra i milanesi Codemaglio Posterla e Enrico Landriano. Tra i numerosi feriti Alberto Rosso con una gamba rotta e Giovanni Caraffa con un braccio maciullato. Altri come i milanesi Negro Grasso, Squarzaparte Bisnato e Ugone Crusta, insieme ai cremaschi Arrigo Bianco, Alberto Zuffo e Sozzo Berondo furono sciolti dalla torre incolumi.

Sventata la minaccia nemica i cremaschi pensarono solo alla rappresaglia su i loro prigionieri. Tra i prigionieri più illustri vi erano il lodigiano Albricone Locabassa e il cremonese Belerto Mastagio. Essi, insieme ad altri, vennero legati sui mangani e catapultati nel campo degli assedianti. Alcuni di questi sventurati atterrarono addirittura ai piedi del Barbarossa.

Altri prigionieri vennero sbrigativamente impiccati agli spalti delle mura, in bella vista al campo nemico.
Lo sdegno dell'irascibile imperatore fu tale che ordinò una rappresaglia alla rappresaglia cremasca. Malgrado le supliche dei vescovi e dei prelati, inorriditi dal troppo sangue versato, Federico ordinò di costruire delle forche davanti alle mura nemiche alle quali vennero subito appesi gli ultimi nove malconci scudi umani, superstiti della torre cremonese.

Un solco di sangue si era ormai formato tra i due campi avversari che non avrebbe ammesso tregua.

La distruzione di Crema

Ormai si era già in autunno inoltrato e le tende e i padiglioni si erano in gran parte trasformati in baracche di legno a difesa dei freddi della pianura Padana. L'inverno del 1160 si stava avvicinando e quella stagione era certo la più critica per gli assedianti più che per gli assediati.

L'imperatore era inchiodato davanti alle mura cremasche da luglio, bloccandogli ogni azione decisiva su Milano. Un fallimento sarebbe stato impensabile per l'*honor imperii*, egli quindi prodigava ogni sua risorsa economica e militare, ma anche personale, per sbloccare la situazione di stallo.

Gli sforzi per colmare il fossato si erano moltiplicati e nel tardo autunno i gatti potevano avvicinarsi alle mura nel tentativo di scalzarle. Anche la torre cremonese era stata riparata e rinforzata con pelli di lana bagnati e cuoio in modo da resistere ai colpi delle artiglierie nemiche.

La torre venne portata avanti di nuovo, preceduta da un grande gatto con tetto spiovente in legno coperto di pelli e ruote, il tutto a proteggere un ariete di ferro.

Arrivato presso le mura, nel settore cremonese, l'ariete, protetto dal gatto, cominciò a distruggere le mura cremasche, facendone crollare i grossi blocchi di pietra.

Per ripararsi dall'insidia gli assediati costruirono un grosso bastione di legna e terra a ridosso delle mura crollate, riparando la breccia e permettendo di continuare a combattere su quel settore di mura. Scavarono poi una mina al di sotto del gatto nemico dalla quale cercarono di assalire il gatto stesso, facendo passare degli armati dal cunicolo. Lo scontro fu estremamente duro. I soldati tedeschi combatterono ai piedi delle mura distrutte per ricacciare indietro i cremaschi da dove erano sbucati improvvisamente. Vi fu anche un momento in cui i tedeschi stavano penetrando nella città, utilizzando il cunicolo della mina. Solo con difficoltà vennero respinti e il cunicolo distrutto.

Verso l'epifania del 1160 i cremaschi cercarono di incendiare il gatto. Dall'alto di una passerella sulle mura vennero lanciati dei barilotti incendiari. Queste botti incendiarie contenevano legna secca,

▲ Cavalieri in marcia. Sono evidenti i grandi scudi a forma d'aquilone usati all'epoca dalla cavalleria (Fonte battesimale del XII, chiesa san Frediano, Lucca).

▲ A sinistra: Scena d'assedio con cavalieri imperiali che scalano le mura di Salerno. I difensori utilizzano dei frombolieri; a destra: Particolare dell'assedio di Salerno da parte delle truppe imperiali. Arcieri e frombolieri rappresentano ancora la parte principale della fanteria leggera, mentre sembrano ancora assenti i balestrieri. (*Liber ad honorem Augusti sive de rebus Siculis da Petrus de Ebulo*, 1196, Codex 120II, Burgerbibliothek Berna).

zolfo, lardo, olio e pece liquida. Mentre dal basso grossi mantici insufflavano aria per sviluppare l'incendio. Lo stesso imperatore che si trovava in quel momento impegnato nella manovra dell'ariete, dovette intervenire nello spegnimento dell'incendio del gatto, insieme ai suoi soldati, usando acqua e terra. La lotta contro il fuoco durò per tutto il pomeriggio ma, alla fine, l'arma d'assedio rimase pressoché inservibile. L'imperatore fumante di rabbia si dovette ritirare dal gatto bruciato.

E' probabile che, in quel periodo, l'imperatore avesse preso contatto con l'ingegnere Marchesius, artefice delle macchine da guerra cremasche nel corso dell'assedio. Dietro la promessa di un compenso in oro, egli passò nottetempo dalla parte dell'imperatore, calandosi dalle mura. Il modo in cui avvenne la trattativa non è noto, ma certo, nel corso del lungo assedio, vi furono dei contatti tra i due campi nemici. Probabilmente le mura non erano così ben guarnite e impermeabili da impedire visite non gradite o, come in questo caso, dei passaggi di campo. Vi è comunque da rilevare che, come in ogni altra città, la composizione politica non era così monolitica. Basti ricordare che il futuro antipapa, Pasquale III, era originario di Crema, mentre alcune nobili famiglie cremasche combattevano nel campo degli assedianti davanti alla loro città, come le famiglia dei Camisano e dei Giselberti, feudatari, quest'ultimi, del vescovo di Cremona. La scelta della maggior parte dei componenti di detta famiglia, fu il campo imperiale.

In breve tempo l'ingegnere traditore mise in opera una nuova torre lignea, simile alla vicina torre cremonese, e, a gennaio, era già pronta per l'assalto finale. La conoscenza delle posizioni difensive da parte di Marchesius permise di posizionare la torre contro un punto debole delle difese cremasche. Era un freddo giorno del 21 di gennaio quando le torri vennero fatte avanzare per l'attacco definitivo alle mura nemiche. La torre cremonese fu affidata a Corrado e al conte palatino Ottone mentre quella dell'ingegnere Marchesius fu affidata a signori tedeschi e lombardi. Su tutta la cerchia delle

▲ Cavalieri all'assalto di una fortificazione. (*Rolandslied des Pfaffen Konrad*, 1170, Libreria universitaria di Heidelberg, Cod. Pal. Germ. 112)

mura altri soldati avrebbero utilizzato delle alte scale, in modo da impegnare il maggior numero dei soldati cremaschi, anche se l'attacco principale rimaneva affidato alle due torri.

Il segnale fu dato e le torri avanzarono con gli arcieri posti sul piano più alto delle torri che saettavano i nemici, mentre le pietre dei mangani cremaschi non riuscivano a fermare le macchine nemiche.

Raggiunte le mura la torre dei cremonesi fu la prima a gettare il suo ponte sugli spalti avversari. Il duca Corrado fu tra i primi a lanciarsi sul nemico, e presto ricacciato indietro più volte dai valorosi difensori. Lungo tutta la cerchia degli spalti si accese una feroce lotta senza quartiere ma, soprattutto presso le due torri lignee, si combatté disperatamente. I cremaschi fecero affidamento, per la difesa, su muri interni agli spalti. Un portabandiera di nome Bertolfo d'Arrar riuscì a passare le mura, uccidendo e travolgendo chi cercava di fermarlo. Con la speranza che altri soldati seguissero il suo stendardo, entrò nella città, dando prova di valore, finché un cremasco non uccise l'intruso e, colto forse da frenesia guerriera, scuoiò il capo e il viso dell'alfiere per ornarsene l'elmo con l'intento di gettare panico tra gli assalitori.

Catturato lo stendardo di Bertolfo i cremaschi contrattaccarono con più foga le torri nemiche. Corrado era stato ferito più volte ma la sua armatura aveva impedito che un colpo fatale riuscisse a farsi strada verso punti vitali da ucciderlo. Dopo molti assalti respinti, il duca si ritirò nella torre per leccarsi le ferite. Appena in tempo che una pietra lanciata da un mangano cremasco riuscì a colpire il ponte levatoio della torre dei cremonesi distruggendolo in gran parte. Molti degli assalitori, nel tentativo di ritirarsi nella torre lignea, caddero nel vuoto, precipitando nel fossato.

Gli sforzi principali ricaddero, quindi, sulla torre costruita da Marchesius. Torre raggiunta da Ottone e i suoi uomini dopo il danneggiamento della torre cremonese. Qui il conte palatino si distinse per valore poiché, ogni volta che veniva ributtato indietro, egli si gettava con più foga sugli spalti nemici facendo molte vittime tra i difensori.

Alla fine della giornata le truppe imperiali non erano riuscite ad entrare in città, né a fare progressi sugli spalti, così che essi rinunciarono all'attacco ritirandosi.

L'assalto era stato respinto per l'ennesima volta. Sebbene le perdite erano state gravi da entrambe le parti, i balestrieri cremaschi erano stati quasi tutti uccisi, e le due torri lignee ora dominavano gli spalti nemici con i loro arcieri che incontrastati dall'alto spazzavano le mura nemiche colpendo chiunque entrava nel loro raggio d'azione.

I caduti della battaglia furono lasciati sugli spalti senza che nessuno potesse avvicinarsi. Ormai i cremaschi avevano perso il controllo delle loro mura.

I cremaschi si ritirarono nella loro cittadella, sulle prime intenzionati a resistere ad ogni costo. Le perdite erano state elevate e le privazioni cominciavano a sentirsi. Sorsero le prime contestazioni. Soprattutto si sapeva che, presto, ci sarebbe stato un rinnovato attacco degli assedianti e questa volta, con le mura già in loro possesso, si sarebbero impadroniti della città. In tal caso non ci sarebbe stato scampo per nessuno. Dopo un assedio così lungo e spietato se la città fosse stata espugnata con la forza i suoi abitanti sarebbero stati tutti sterminati senza pietà.

Il patriarca d'Aquileia Pellegrino tolse i cremaschi d'impaccio venendo a sondare le intenzioni degli assediati. Venne intavolata una trattativa a cui si unì Enrico il Leone. I cremaschi riuniti in consiglio elessero due ambasciatori, delegati a trattare i termini della resa; Giovanni de Medici e Albino dè Bonati.

Le trattative raggiunsero le seguenti condizioni: tutti i cittadini cremaschi potevano uscire dalle loro città con le loro famiglie e tutto quanto erano in grado di portare, liberi di andare dove avrebbero preferito. Quanto ai soldati milanesi e bresciani presenti in città veniva fatta salva la vita, liberi anch'essi di andare dove volevano, unica condizione era quella di lasciare le loro armi in città ed uscire disarmati.

Una volta raggiunti, gli accordi furono subito eseguiti. Era il 27 gennaio 1160 quando i cremaschi abbandonarono la loro città, era dai primi di luglio che vivevano entro le sue anguste mura. La maggior parte si diresse verso Milano. Le cronache narrano come Federico prima d'entrare in Crema assistette all'uscita di ventimila cremaschi dalla porta di Pianengo e come avesse aiutato alcuni di questi profughi caduti sul ponte del fossato per la troppa calca.

Una volta che la città fu deserta i primi ad entrare furono i lodigiani e i cremonesi con alcuni tedeschi. All'interno delle mura cominciarono il saccheggio e le distruzioni. Poi diedero fuoco a

▲ Processione per la ricostruzione di Milano. Rilievo della Porta Romana (Civiche Raccolte d'Arte del Castello Sforzesco, marmo circa 1167).

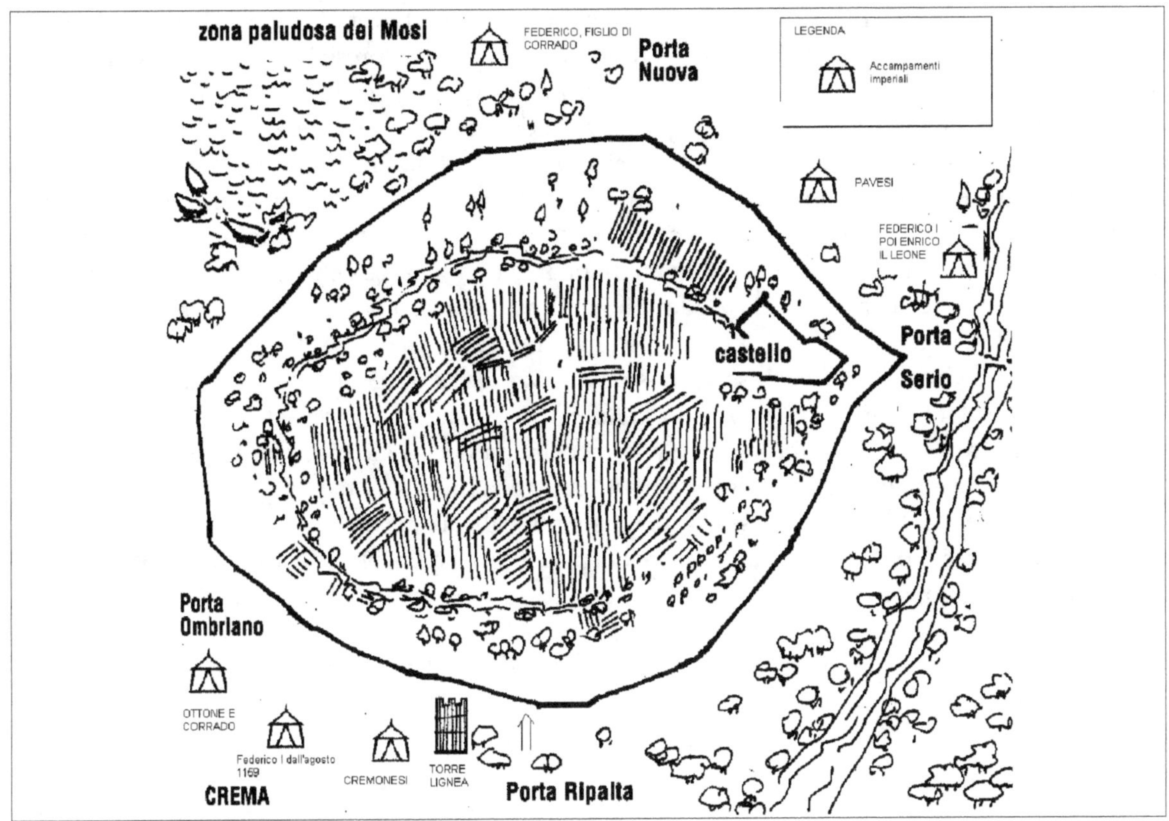

▲ Mappa dell'assedio della città di Crema.

tutte le abitazioni e a tutto ciò che poteva essere incendiato. Fatto inusuale, anche le chiese cittadine furono date alle fiamme. I profughi cremaschi, in lontananza, potevano vedere la loro città in fiamme.

L'esercito imperiale rimase a Crema per cinque giorni, completando l'opera di distruzione. La città fu spianata e ricoperta di terra battuta perché non dovesse più risorgere. Vennero poi distrutte le macchine d'assedio che, a detta di Ottone di Morena, erano costate più di 2000 marche d'argento.

Il lungo assedio era durato oltre otto mesi, finendo con la completa distruzione della città.

Assedio al castello di Carcano

Se Milano, dal punto di vista militare, non era riuscita ad effettuare un soccorso alla città di Crema, dal punto di vista diplomatico aveva raggiunto diversi successi. Piacenza si era unità a Milano, ma, soprattutto, si era riusciti a creare un vasto fronte antimperiale con i normanni e il papato. Il principale autore di questa azione diplomatica fu il papa inglese Adriano IV che, per contrastare lo strapotere imperiale, decise di sfruttare a suo vantaggio la guerra con i comuni. Il papa rimproverava all'imperatore la mancata eliminazione della repubblica costituita a Roma, la mancata restituzione dei beni matildini al papato e il diritto ad esercitare direttamente le regalie.

Adriano convocò, presso la sua sede di fuoriuscito, ad Anagni, i rappresentanti dei vari comuni in guerra con Federico. Qui, nell'agosto del 1159, venne stipulata la prima alleanza tra comuni e chiesa, primo vero embrione della futura Lega Lombarda.

Gli accordi furono tra i comuni di Milano, Brescia, Crema e Piacenza. Essi si impegnavano a non fare una pace separata. Pare che Adriano IV avrebbe promesso di scomunicare il Barbarossa. Adriano IV morì, però, il primo settembre dello stesso anno. Successivamente, un difficile conclave, si svolse in un clima di intimidazioni e di violenza, finendo poi in farsa quando vennero eletti due papi. Uno dei quali era quel Rolando Bandinelli, nemico giurato di Federico, che prese il nome di Alessandro III. Ad esso si oppose subito un papa filoimperiale Vittore IV. Alessandro III si pose sotto la protezione dei Normanni ad Anagni, mentre Vittore, protetto da Ottone Wittelsbach e da Guido di Biandrate, si rifugiò a pochi chilometri dalla sede del suo avversario, a Segni. Entrambi erano stati scacciati da Roma. In quelle sedi si consumò lo scisma quando i due papi si scomunicarono a vicenda. Lo scisma sarebbe durato diversi anni e a Vittore successe Guido da Crema che prese il nome di Pasquale III e infine da Callisto III, tutti considerati antipapi. In qualità di difensore della chiesa, Federico, indisse un concilio a Pavia nel febbraio del 1160, dove il Bandinelli non si presentò. E, nella Pasqua di quello stesso anno, dal Duomo di Anagni, scomunicò l'imperatore tedesco.

Dopo la presa di Crema il Barbarossa si spostò su Pavia, dove congedò una parte del suo esercito che aveva completato il turno di servizio per la *Romfahrt*. La stagione invernale non favoriva ancora operazioni su larga scala, inoltre, l'assedio alla piccola ma decisa Crema, non invogliava certo ad intraprendere un assedio maggiormente oneroso, contro la munita città nemica.

Venne la primavera del 1160 e con essa si aprì la stagione della guerra.

Federico da Pavia si mosse a molestare le terre dei piacentini, i quali risposero in forze costringendo le deboli armate imperiali a rinserrarsi nella munita e fedele Pavia, evitando una incerta battaglia campale.

I milanesi galvanizzati dai loro successi diplomatici e vedendo l'imperatore sulla difensiva, presero il coraggio per lanciare una offensiva su Lodi. La città, appena ricostruita, era però troppo grande e guarnita per poter essere assediata, anche con l'aiuto dei piacentini. In quell'occasione, durante

▲ Prima della battaglia vi era l'uso per i soldati di prendere i Sacramenti come la comunione e l'assoluzione plenaria dei peccati. A Carcano, il giorno dello scontro, i milanesi seguirono la funzione della messa celebrata dal loro arcivescovo prima di attaccare il Barbarossa (*Rolandslied des Pfaffen Konrad*, 1170, Libreria universitaria di Heidelberg, Cod. Pal. Germ. 112).

▲ Cavalieri tedeschi con i loro stendardi (*Liber ad honorem Augusti sive de rebus Siculis da Petrus de Ebulo*, 1196, Codex 120II, Burgerbibliothek Berna).

il mese di giugno, i cavalieri di Federico si scontrarono con i carri falcati realizzati di Guitelmo, nella campagna tra Rho e Legnano. A parte l'iniziale sorpresa, nel campo avversario, l'invenzione milanese non sembra abbia avuto un successo tale da usare i carri negli scontri successivi.

Falliti i tentativi di occupare Lodi con la forza, i milanesi, decisero di rivolgere le loro attenzioni a nord di Milano.

Nella campagna brianzola vi erano ancora diversi feudi fedeli all'imperatore. Vi era anche la possibilità di infliggere un colpo decisivo alla nemica città di Como che, in quel momento, si trovava in difficoltà, stretta tra i milanesi e i comuni lariani, da sempre inesorabili nemici dei comaschi. Non meno importante era la necessità di rendere sicure le vitali vie commerciali verso i passi alpini.

Nell'estate del 1160 l'esercito milanese si mosse a distruggere i suoi nemici in terra di Brianza.

Con il conflitto tra Torriani e Visconti di un secolo dopo, la campagna militare di quell'anno, fu la peggiore guerra che la regione dovette sopportare nel corso della sua storia.

Nel luglio del 1160 gli uomini di tre Porte milanesi, Porta Vercellina, Porta Comacina e Porta Nuova, sferrarono la loro offensiva sulla Martesana e il Seprio, devastando le terre fedeli all'imperatore controllate dal conte Goswino. Assediarono e conquistarono velocemente i castelli di Parravicino, Corneno d'Eupilio, Cesana ed Erba. Castelli non troppo muniti, che vennero espugnati e distrutti con semplici mazzi d'assalto, come scale e arieti, non costituendo un serio problema militare per le agguerrite truppe di Milano. Nello stesso periodo venne realizzato un ponte a Groppello sull'Adda. A questo punto i milanesi decisero di attaccare il castello di Carcano, la fortezza più difesa di tutta la Brianza.

Carcano era un possesso vescovile milanese e quindi di diritto appartenente alla città di Milano, cosa che ancor più giustificava la conquista della fortezza. L'interdetto comminato dall'arcivescovo Pirovano sulla Martesana così recitava, secondo lo storico Bernardo Coiro: *"È certo che il castello di Carcano è feudo dell'arcivescovo: ora poiché uomini ribelli alla chiesa e fautori di Federico, scomunicati e condannati, vi sono raccolti, li priviamo di ogni nobiltà e di ogni feudo, e confischiamo il castello a vantaggio della chiesa milanese"*.

Il turrito maniero si ergeva in posizione strategica, a metà strada tra Lecco e Como, sui primi contrafforti delle Prealpi, controllava le strade dell'alta Brianza. Con la sua mole sovrastava le paludi dei Pian d'Erba, spesso inondate dalle esondazioni dell'alto Lambro, acquitrini e stagni rimanevano in quell'area a testimoniare l'esistenza dell'antico lago Eupili, il cui prosciugamento in epoca romana aveva lasciato gli attuali laghi di Alserio e Pusiano.

Eretto nel X secolo per contrastare le devastanti incursioni ungare era posto su una collina, in cui una profonda incisione valliva, detta vallone di Carcano, causata da un torrente che scorreva da nord, lo proteggeva sia a settentrione che ad occidente, mentre una pendenza molto ripida lo isolava anche da est. Solo da sud il castello era facilmente attaccabile, anche se qui un profondo fossato con un ponte levatoio, insieme a robuste fortificazioni, ne rendevano arduo l'assalto. Due grandi torrioni, fungenti da mastio, formavano l'impianto centrale del castello. A difesa del maniero vi era un pugno di nobili delle famiglie degli Herba, Parravicini e, naturalmente, dei Carcano.

I milanesi posero il loro campo a sud davanti il castello l'ultima settimana di luglio. Diversamente dalle fortezze conquistate nei giorni precedenti la rocca di Carcano necessitava di un lungo assedio. Vennero quindi approntate le macchine da guerra, a partire da grossi mangani e una torre lignea.

Nel frattempo l'imperatore svevo, rimasto a Pavia, aveva radunato a Lodi un esercito per soccorrere le truppe a lui fedeli nell'alta Brianza. Secondo Ottone di Morena l'armata di soccorso comprendeva diversi contingenti descrivendone così la composizione: *"Perciò il santissimo sovrano con i suoi*

▲ Scontro tra cavalieri (Hortus deliciarum fine XII secolo).

fedelissimi era andato in aiuto di quelli di Carcano, con pochi cavalieri di Pavia, con i cavalieri e fanti di Novara, coi vercellesi, i comaschi e parte di quelli del Seprio e della Martesana, col marchese del Monferrato, il conte di Biandrate (ora dalla parte del Barbarossa) ed anche con pochi tedeschi, tra i quali c'era Bertoldo duca di Zabringhen, che con pochi suoi cavalieri era venuto a lui dalla Germania per un certo suo affare, il duca di Boemia ed il conte Corrado di Balhausen".

L'esercito imperiale attraversò velocemente la Brianza e già il giorno 6 agosto poteva porre il campo a Vighizzolo di Cantù. L'8 agosto si accampava con l'esercito tra Tassera, presso il villaggio di Orsenigo, e il lago d'Alserio.

I milanesi avevano saputo dell'arrivo dell'esercito nemico ma non vollero desistere dall'assedio, abbandonando le macchine ossidionali appena realizzate. Decisero, anzi, di radunare il loro esercito, raggruppando i vari accampamenti sparsi attorno a Carcano, richiamando altre tre Porte, lasciandone sola una a guardia di Milano.

È probabile che i milanesi, fino all'ultimo, non pensassero ad uno scontro campale ma solo ad una azione dimostrativa dell'esercito imperiale indebolito dalla smobilitazione dell'inverno passato. Solo all'arrivo del nemico essi si resero conto di essere stati presi in trappola da un esercito di dimensioni paragonabile al loro.

All'arrivo dell'imperatore da sud, l'esercito milanese venne a trovarsi in una situazione precaria, con alle spalle il castello di Carcano e davanti l'armata nemica. I milanesi erano pressoché circondati e, malgrado la loro posizione dominante che poteva offrire qualche vantaggio in caso si fossero posizionati sulla difensiva trincerandosi, erano impossibilitati a ricevere qualsiasi sostegno logistico da Milano.

Federico aveva provveduto a far bloccare le strade principali, posizionando dei posti di blocco e ostruendo il passaggio con grossi tronchi d'albero, più per impedire la fuga al nemico che per impedire l'arrivo di vettovaglie. Era intenzione dello Svevo di attaccare accettando uno scontro campale certo di vincere, anche se la superiorità numerica apparteneva ai milanesi, con alcune centinaia di soldati in più rispetto all'esercito di Federico.

▲ Particolare di cavaliere alla carica con lancia in resta. L'elmo conico rinforzato ha una delle prime protezioni per il viso (Verona, San Zeno, bassorilievi a sinistra del portale principale. Fine XII secolo).

Il 7 agosto i milanesi furono affiancati da 200 cavalieri bresciani ma, cosa più importante, nottetempo il Carroccio riuscì a raggiungere smontato il campo dell'esercito milanese. Il Carroccio venne presto montato e preparato per la battaglia che si stava profilando. Mai un esercito comunale sarebbe sceso in campo per una battaglia decisiva senza il suo Carroccio.

La notte tra l'8 e il 9 agosto i milanesi non la trascorsero solo montando il loro carro di guerra, vi furono soprattutto discussioni su come affrontare la difficile situazione. Nel campo vi erano numerosi chierici, oltre all'arcivescovo di Milano, Umberto da Pirovano, vi era il futuro arcivescovo della città, l'allora diacono Galdino. Quest'ultimo sarà uno dei più convinti sostenitori nel dare battaglia campale all'imperatore, attaccando subito il nemico senza aspettare le sue mosse. Così il cronista Ottone descrisse la situazione: "L 'imperatore aveva circondato milanesi e bresciani cosicché non si poteva portare loro cibo in nessun modo. Per cui erano sommamente atterriti i milanesi che non potevano ritornare a Milano e, stando lì, non avevano la possibilità di procurarsi cibo né sapevano che dovessero fare: infine, tuttavia, come spesso suole accadere, necessità trovò consiglio e si proposero di tentare la fortuna della battaglia, piuttosto che morire di fame restando lì".

In effetti nulla si sapeva sulle intenzioni di Federico. Se l'imperatore si fosse limitato a bloccare il campo nemico, magari costruendo delle opere di difesa, avrebbe posto i milanesi nella condizione peggiore. Alla fine si giunse alla decisione di attaccare gli imperiali. L'indomani ci sarebbe stata la battaglia campale che avrebbe potuto decidere le sorti della guerra.

La battaglia di Carcano

La battaglia di Carcano, detta anche di Tassera, non fu un evento singolo ma fu caratterizzato da scontri separati nel tempo e nello spazio. Le colline moreniche e lo schieramento degli eserciti su una vasta area contribuirono nello spezzettare la giornata di Carcano in due battaglie separate.

Martedì nove agosto, l'esercito imperiale si schierò per assaltare le posizioni lombarde.

Muovendo dal suo accampamento, posto nella località di Tassera, Federico si schierò, con la cavalleria tedesca e alcuni altri cavalieri italici suoi alleati, a formare il suo fianco destro. Mentre, sul lato sinistro, si posizionarono gli eserciti dei comuni lombardi alleati provenienti da Novara, Como, Vercelli e altri contingenti minori delle altre città di Lodi e Cremona. Questi contingenti erano composti quasi esclusivamente di fanteria con solo duecento cavalieri al seguito. Le due ali avanzanti erano piuttosto distanti tra loro ed erano divise dall'orografia del terreno, fatta di basse colline moreniche intersecate da profondi impluvi ricchi di vegetazione. La decisione di uno spiegamento tanto ampio era forse dovuta al fatto che non si volesse lasciare una via di fuga ad un nemico che si riteneva debole e posto sulla difensiva.

Nel campo milanese, presso il Carroccio, venne celebrata le messa, dove l'arcivescovo spronò alla lotta ricordando le cause della guerra e i torti subiti, concludendo poi così: *"Dio è con noi e per noi sarà la vittoria"*.

Dopo aver assistito alla messa e ricevuto l'assoluzione anche l'esercito milanese si spiegò per attaccare il nemico. Sulla sinistra con il carroccio si schierarono quelli di Porta Romana e di Porta Orientale, affiancati, a destra, da quelli di Porta Comasina. Sul fianco destro si disposero quelli delle rimanenti due Porte con i cavalieri bresciani.

Un piccolo contingente di armati venne lasciato a guardia del castello di Carcano in modo da non essere presi alle spalle dai nobili lì assediati.

Le prime a muoversi contro il nemico furono le truppe di Porta Comasina. Si scontrarono presso l'accampamento degli imperiali di Tassera, riuscendo ad occuparlo e a saccheggiarlo, fino a che non vennero scacciati dalla cavalleria di Federico.

Federico nella sua avanzata si stupì nel vedere i milanesi che, invece di rimanere sulla difensiva, sferravano loro stessi l'attacco. Lancia in resta, l'imperatore e i suoi cavalieri, caricarono i nemici formati in larga parte di fanteria, i milanesi vennero travolti e fatti a pezzi, tanto che gli imperiali raggiunsero presto il Carroccio senza che i milanesi riuscissero a fare quadrato intorno ad esso. Così Ottone di Morena descrive il combattimento: *"Pertanto i milanesi, lo stesso martedì, vigilia del beato Lorenzo, iniziarono il combattimento con l'imperatore. Questi con i suoi tedeschi ed alcuni altri irruppe con forza contro i milanesi, respingendoli fin quasi al loro Carroccio, dov'era la moltitudine dei fanti, dei quali uccise un gran numero, soprattutto di Porta Romana e di Porta Orientale, che volgarmente si chiamava Porta Renza: uccise anche i buoi del Carroccio, intaccò il carroccio stesso e ne portò via la croce dorata che era sulla pertica ed il vessillo ivi posto e condusse prigionieri nelle tende molti di loro, cavalieri e fanti"*. L'ala sinistra lombarda aveva ceduto senza opporre una valida resistenza al nemico, forse colti di sorpresa dalla carica della cavalleria mentre avanzavano vennero travolti e, ritirandosi, travolsero anche i soldati che avrebbero dovuto difendere il Carroccio. In questo caos la cavalleria milanese dell'ala sinistra, presa alla sprovvista, non riuscì a contrattaccare finendo per subire l'azione della cavalleria avversaria lanciata alla carica.

▲ Baradello, castello di età federiciana in Como, eretto nel 1159. (Wikipedia)

▲ Scena di battaglia. A Carcano la cavalleria imperiale si dimostrò imbattibile fino a che mantenne la coesione tra i suoi ranghi. (Rolandslied des Pfaffen Konrad, 1170, Libreria universitaria di Heidelberg, Cod. Pal. Germ. 112)

▼ Lo scontro tra due schiere di cavalleria doveva essere tremendo. I cavalieri protetti da ampi scudi e da armatura erano un bersaglio difficile da abbattere anche al primo cozzo. (Rolandslied des Pfaffen Konrad, 1170, Libreria universitaria di Heidelberg, Cod. Pal. Germ. 112)

Una volta raggiunto il Carroccio i milanesi della loro ala sinistra rinunciarono a combattere dandosi alla fuga inseguiti dai cavalieri nemici. Federico stesso, che aveva caricato tra le prime file, uccise con la sua spada i buoi a cui era aggiogato il Carroccio, a cui venne strappato lo stendardo di guerra che finì gettato nel fango. Trenta cavalieri impegnati alla difesa del Carroccio vennero uccisi sul posto. Successivamente il Barbarossa con alcuni soldati spinsero il Carroccio dentro un fossato, posto in direzione del lago di Alserio, facendolo così a pezzi. Proprio in quell'area, vicino a Tassera, in un piccolo corso d'acqua che porta al lago, vennero ritrovate, in tempi moderni, armi risalenti alla battaglia, ora al Museo Archeologico di Milano.

Esausto per la battaglia Federico stava tornando al suo accampamento, sotto al suo padiglione per riprendersi, quando, sulla sua ala sinistra, irruppero i milanesi dell'ala destra provenienti da occidente. L'imperatore con la distruzione del Carroccio pensava di aver distrutto la parte principale dell'esercito lombardo, non si avvide, invece, che quella era solo una parte, valutando per difetto il numero dei nemici. Il combattere in prima linea gli aveva fatto perdere la visione d'insieme del campo di battaglia, trascurando i collegamenti con i suoi alleati italiani dell'ala sinistra la cui sorte in battaglia non era stata altrettanto benevola.

Mentre il Barbarossa sfogava la sua furia sul Carroccio, nel settore occidentale del campo di battaglia, lo scontro si svolgeva tra milizie italiane. Malgrado i soli 200 cavalieri le fanterie imperiali, anche se poste sulla difensiva dalla cavalleria milanese, tenevano bene le loro posizioni e lo scontro rimase a lungo incerto. A sbloccare la situazione ci pensarono gli armati dei villaggi di Erba e Orsenigo che attaccarono alle spalle gli imperiali, impegnati a combattere duramente i milanesi sulla loro fronte. Le truppe dei comuni alleati a Federico vennero così presi su due lati cedendo di schianto. Lo storico Ottone così descrive il fatto: "*Ma dall'altro lato della battaglia, dove la maggior parte dei cavalieri milanesi e bresciani si trovavano davanti a novaresi, comaschi e molti altri, che erano su quel fronte, i reparti bresciani e milanesi, irrompendo insieme fecero di essi, e soprattutto dei novaresi, una grandissima strage. Presero molti prigionieri, molti ne uccisero e ne misero in fuga più di duemila (grazie anche all'intervento dei popolani di Erba ed Orsenigo). Venuta frattanto una fortissima pioggia ritornarono agli accampamenti, ma poco dopo però i milanesi ed i bresciani, riprese le armi, corsero a combattere*".

▲ Federico Barbarossa in viaggio per la crociata si apre la strada nella intricata vegetazione dei Balcani. I guerrieri mostrano la stessa tecnica impiegata nelle opere di devastazione del territorio nemico. Come a Milano, nell'estate del 1161, i guerrieri abbattono gli alberi da frutto e devastano il contado nemico (*Liber ad honorem Augusti sive de rebus Siculis da Petrus de Ebulo*, 1196, Codex 120II, Burgerbibliothek Berna).

▲ Processione di armati per la ricostruzione di Milano. In testa vi è un chierico con la bandiera cittadina, seguito da due cavalieri e dal resto della fanteria. Solo i primi due soldati a destra portano le armature e lo scudo, uno di essi porta un insegna araldica, forse un levriero (Civiche Raccolte d'Arte del Castello Sforzesco, marmo circa 1167, Wikimedia).

Corsero infatti a combattere sul lato dove vi era l'imperatore i cui cavalieri non riuscirono ad organizzare un'azione compatta, essendosi in maggior parte dispersi lungo il campo della battaglia precedente, intenti a far bottino e a uccidere i superstiti dell'ala sinistra milanese. Vistosi in inferiorità numerica e attaccato da tutti i lati, l'imperatore ordinò la ritirata. Ottone così scrive: *"Dal lato opposto l'imperatore, vedendosi lasciato con pochi tedeschi e non molti altri, decise che era meglio ritirarsi dalla battaglia piuttosto che essere vinto in campo. E così partì verso Como con quelli che aveva ancora con se, abbandonando lì molte tende e molti prigionieri di guerra. I milanesi e i bresciani, saccheggiato l'accampamento dell'imperatore e ripresi molti che erano stati fatti prigionieri, abbandonano loro il campo con grande gioia e, come suole avvenire in cose di tal genere, con grande clamore ritornano all'accampamento e raccolgono i cadaveri dei loro, mandandone a Milano molti carri carichi. Da quella battaglia venne somma letizia e somma mestizia per i milanesi. Penso tuttavia che la gioia superasse il dolore"*.

Lo sganciamento delle truppe imperiali fu favorito dal terreno impervio e dalla tempesta che nel frattempo era sopraggiunta. Un vero diluvio con tuoni e lampi che fecero decidere molti soldati a mettersi al riparo, abbandonando l'inseguimento del nemico ormai in fuga.

Ad ogni modo la maggior parte della fanteria imperiale, lenta nei movimenti, venne fatta a pezzi dai cavalieri di Milano. Più agevole fu la ritirata dei cavalieri, anche se per un momento lo stesso imperatore corse il rischio di venire agguantato dai nemici, mettendo rapidamente fine alla guerra in favore dei milanesi. Accadde che il cavallo del Barbarossa, durante la fuga, rimase impigliato con le zampe in un filare di viti. Federico venne anche centrato da un colpo di lancia non parato dallo scudo ma, comunque, il corpo venne protetto dall'armatura. L'imperatore stava poi per cadere prigioniero se, il conte di Lomello, non lo avesse raccolto sul suo cavallo, ed entrambi riuscirono, così, a mettersi in salvo.

Il Barbarossa e i suoi si ritirarono così verso Montorfano per poi raggiungere la fedele Como dove si rinserrarono nel castello del Baradello, ricostruito dal Barbarossa solo l'anno prima.

La giornata si era conclusa con l'insperata vittoria dei milanesi e dei loro alleati. Le perdite imperiali assommavano a 2000 tra caduti e feriti, ma anche prigionieri. Per i milanesi le perdite furono altrettanto pesanti, circa 2000 morti, tra cui il console milanese Anselmo Mandelli, conte di Maccagno e signore di Montorfano.

Una vittoria sofferta dunque, ma il bottino e il prestigio di aver battuto l'imperatore in campo aperto erano immensi. La perdita del Carroccio poteva ben essere ripagata con il ricco padiglione di Federico, dono del re inglese. Il bottino fu così cospicuo che non bastarono i carri per trasportarlo a Milano.

Agli abitanti di Orsenigo ed Erba furono tributati grandi onori. A loro si deve in parte il successo della battaglia contro l'imperatore. I consoli milanesi concessero loro l'esenzione di ogni tributo e la cittadinanza ambrosiana, ascrivendone i nomi tra gli abitanti di Porta Orientale, come parrocchiani di San Babila, venendo così equiparati agli abitanti della città di Milano, con tutti i vantaggi fiscali, tanto che il territorio erbese divenne una zona franca.

A supplemento della battaglia il giorno seguente vi fu un altro scontro sanguinoso nella stessa zona. Il 10 agosto giunsero a Carcano 280 cavalieri di Cremona e Lodi che, il giorno prima, si erano attardati a conquistare e a distruggere il ponte a Groppello sull'Adda. Ignari della sconfitta degli eserciti imperiali il giorno prima, i cavalieri finirono inconsapevolmente in bocca ai milanesi che, già esaltati della vittoria sul Barbarossa, li fecero a pezzi. Solo pochi riuscirono a salvarsi dandosi alla fuga, alcuni trovarono la morte affogando in una palude, detta di Acquanera.

In tutte queste vicende grandi assenti furono i nobili assediati nel castello. Durante la battaglia non cercarono di approfittarne con una sortita che certo avrebbe messo in difficoltà i milanesi, che potevano essere attaccati anche alle spalle, mentre erano impegnati con l'esercito imperiale. Forse gli assediati ritenevano la battaglia una facile vittoria imperiale per cui non era necessario rischiare la vita in prima persona.

Ad ogni modo l'assedio sarebbe durato ancora soli undici giorni in cui il castello venne bersagliato dai mangani e respinse una serie di assalti. Una sortita notturna dei nobili assediati riuscì a incendiare e distruggere tutte le macchine d'assedio degli assedianti, senza che i milanesi fossero in grado di opporre una valida resistenza all'incursione nemica.

L'assedio a Carcano finì il 19 agosto, quando i milanesi, senza più equipaggiamento ossidionale, si resero conto di non poter conquistare il difeso maniero, inoltre nuove minacce incombevano a sud di Milano.

In definitiva la battaglia di Carcano fu una grande e insperata vittoria tattica che la mancata conquista del castello vanificava. Dal punto di vista strategico nulla cambiava rispetto a prima con i milanesi costretti ancora sulla difensiva.

▲ Davide decapita Golia. Si nota l'armatura a scaglie lamellari, tipica del mondo musulmano, e, cosa interessante, l'interno di uno scudo dell'epoca (dettaglio del portale della facciata occidentale della chiesa St.-Gilles-du-Gard, ca. 1140).

L'assedio di Milano

La battaglia di Carcano era stata una dura umiliazione per il prestigio dell'impero e dello stesso Federico, soprattutto in ambito internazionale. Dal punto di vista militare egli si riprese comunque velocemente. Lo stesso mese d'agosto, dopo Carcano, il Barbarossa si portò su Pavia. Da qui le truppe imperiali con cremonesi e pavesi, guidati dall'imperatore, attaccarono un ponte di barche piacentino sul Po, supportati da due catapulte lodigiane. I risultati furono incoraggianti, infatti i piacentini abbandonarono il ponte che stava per essere distrutto dalle pietre. I piacentini salvarono comunque le loro barche con cui ricostruirono il ponte in un'altra zona del fiume che, in ottobre, seguì presto la sorte del primo.

L'attività dell'imperatore contro Piacenza fu uno dei motivi che decise i milanesi sulla difensiva.

In realtà l'imperatore si trovava in difficoltà. Aveva fatto richiesta di truppe in Germania, soprattutto presso il suo potente cugino Enrico il Leone ma, quest'ultimo, era impegnato in una dura guerra sui confini orientali dell'impero contro la popolazione dei Vendi, per cui non poteva intervenire a con le sue truppe in Italia.

Le operazioni proseguirono stancamente nei mesi successivi con azioni di pattuglia e colpi di mano nella pianura lombarda. Entrambi i contendenti mancavano della forza necessaria per vibrare il colpo decisivo, ci si limitava ad una guerra d'attrito in cui il tempo giocava tutto a favore dell'imperatore in attesa dei rinforzi.

Anche nei primi mesi del 1161 non si ebbero sostanziali variazioni. Milano tentò di assediare il castello di Castiglione, bloccandone l'accesso all'unica fonte d'acqua fuori le mura. Ma anche in questo caso, come a Carcano, una sortita degli assediati, ormai disperati, riuscirono a liberare il castello dall'assedio. Per Milano era ormai solo una questione di tempo. All'inizio della primavera del 1161 arrivarono dalla Germania i rinforzi precettati per la *Romfahrt*. A guidarli vi era il fratello del Barbarossa Corrado, con esso vi era il duca di Svevia, il langravio di Turingia e il solito Rainaldo di Dassel, insieme vi erano soldati giunti dalla Boemia e dall'Ungheria. Questi si unirono alle forze lombarde e italiche fedeli all'impero.

Il 31 maggio un potente esercito guidato da Federico entrava nel territorio della diocesi di Milano devastandone il contado. I milanesi si rinserrarono all'interno delle loro munite mura, rinforzate in previsione dell'assedio che non sarebbe tardato a venire.

Dopo aver sistematicamente distrutto il contado gli imperiali mossero ad agosto ad assediare Milano. Tutte le vie di comunicazione con la città vennero ermeticamente chiuse, racchiudendo Milano in un anello invalicabile. Le mura della città erano state realizzate con cura dall'ingegnere Guitelmo ed erano praticamente imprendibili. Federico memore del difficile assedio della piccola Crema decise che la città non sarebbe caduta per assalto ma per fame.

Le principali città che parteciparono all'assedio furono: Como, Lodi, Bergamo, Pavia, a cui si

▲ Particolare della processione per la ricostruzione di Milano nel 1167, proveniente dai fregi di Porta Romana (Civiche Raccolte d'Arte del Castello Sforzesco, marmo circa 1167, Wikimedia).

▲ Assedio di Napoli da parte di Enrico VI. Si noti le varie armi d'assedio in uso allora e la balestra ancora priva di staffa per la ricarica. (Liber ad honorem Augusti sive de rebus Siculis da Petrus de Ebulo, 1196, Codex 120II, Burgerbibliothek Berna)

aggiunsero il marchese di Monferrarto e i feudatari lombardi, fra essi il conte di Biandrate. Le macchine d'assedio furono approntate dalle città di Novara, Asti e Vercelli. Esse approntarono anche le fortificazioni per respingere eventuali sortite milanesi, comunque scoraggiate dal numero dei nemici e dal fatto che gli assedianti si tenevano comunque ad una certa distanza dalle mura, intenzionati unicamente a strangolare la città.

Federico in quel momento non aveva nemici esterni di cui preoccuparsi che lo costringessero a mettere fretta nel concludere l'assedio. Egli ritenne quindi più prudente e meno dispendioso attendere la caduta della potente città nemica.

Per terrorizzare ancor più i milanesi il Barbarossa prese numerosi prigionieri della città, che egli considerava colpevoli di tradimento e di lesa maestà, gli accecò e poi li inviò a Milano guidati da un'unica persona a cui era stata risparmiata la vista ma a cui era stato tagliato il naso.

Questi uomini non avrebbero più potuto combatterlo ma, in compenso, erano nuove bocche da sfamare in città. Questa era la stessa logica con cui aveva saccheggiato e terrorizzato il contado milanese, in modo da riempire la città di profughi che, una volta intrappolati nell'assedio cittadino, avrebbero dovuto essere sfamati.

Per Milano, l'inverno tra il 1161 e il 1162, fu uno dei peggiori della sua storia. I viveri ormai scarseggiavano e nessuno poteva uscire dalla città senza essere ucciso. Il tedio e la fame di quelle lunghe e buie giornate d'inverno prostrarono i milanesi. Le imponenti mura erano dunque inutili se nessuno le attaccava.

Così come a Crema, anche a Milano la popolazione non era monolitica nei suoi intenti politici, essendo presente un partito filoimperiale che faceva riferimento ai monaci di sant'Ambrogio e alle famiglie nobiliari collegate all'importante monastero. Le difficoltà poi aumentarono i dissidi interni, indebolendo la volontà di resistere ad ogni costo. Vi furono anche dei tumulti dei ceti più poveri di Milano i quali maggiormente subivano le privazioni dell'assedio e meno avevano da perdere in caso di sconfitta.

Alla fine di febbraio la città esausta si decise per la resa. Otto cittadini illustri vennero inviati a Lodi alla corte dell'imperatore per chiedere la pace. Le trattative per una tregua erano appena cominciate quando in città scoppiò una grave rivolta che gettò Milano nell'anarchia. A questo punto l'imperatore chiese ed ottenne la resa incondizionata. Forse una quinta colonna aveva fomentato l'insurrezione gettando la città nel caos, ma di questo non vi è certezza. Di certo l'imperatore, che aveva giurato di non indossare più la corona finché la città non fosse caduta, riceveva a Lodi il primo marzo i consoli milanesi con le spade sguainate legate intorno al collo, sottintendendo che erano degni della pena capitale per essersi ribellati al loro signore.

Distruzione di Milano e fine delle ostilità

Il Barbarossa non tolse subito il blocco alla città. Il 4 marzo, seconda domenica di quaresima, mastro Guitelmo si recò a Lodi per consegnare le chiavi della città, accompagnato da trecento cavalieri, consegnatisi come ostaggi, insieme a trentasei stendardi comunali da offrire all'imperatore. Il giorno 6 a Lodi arrivò il Carroccio in processione con il popolo milanese in penitenza, con un cappio intorno al collo e il capo cosparso di cenere. Il Carroccio venne smembrato e il gonfalone cittadino consegnato nelle mani dell'imperatore assiso in trono.

Il blocco venne tolto ma la punizione per la città sarebbe stato orribile. Per la verità furono molti ad intercedere per la città di Ambrogio, primo fra tutti Guido di Briandrate, fedele all'imperatore ma anche affezionato alla sua città di origine. Anche i cavalieri e i principi tedeschi, ammirati dal valore dei milanesi, chiesero al loro sovrano un atteggiamento comprensivo verso il nemico.

Di parere contrario erano i lodigiani e i comuni lombardi nemici di Milano. Ad essi si aggiungeva l'intransigente cancelliere Rainaldo, che chiedeva una punizione esemplare.

L'indomani, l'imperatore, prese la sua decisione. I cittadini milanesi, come traditori, erano tutti passibili della pena capitale ma, questa, gli venne risparmiata. Fu invece la città a subire le ire imperiali. Le mura sarebbero state abbattute, i fossati colmati in modo che tutto l'esercito imperiale potesse entrare in città schierato in ordine di battaglia. Inoltre i consoli venivano imprigionati e i cavalieri diedero 400 ostaggi in garanzia della pace.

Nel formulare tale giudizio Federico aveva dato ascolto a coloro che chiedevano una sentenza moderata. Purtroppo per i milanesi qualche giorno dopo a Pavia si tenne un convegno dove l'ala più radicale capeggiata da Rainaldo e da alcuni comuni costrinse il sovrano ad avvallare una punizione più severa. Venne infatti decisa la completa distruzione della città di Ambrogio. Gli abitanti di Milano furono scacciati dalla loro città, con un preavviso di otto giorni, dividendoli ai quattro angoli cardinali dove si sarebbero stabiliti. Per alcuni, come gli abitanti provenienti da Crema, era la seconda volta che diventavano profughi in terre straniere.

Per Lodi era una grande vittoria. Per ben due volte la loro città era stata distrutta e gli abitanti dispersi in meno di cinquant'anni, ora i lodigiani potevano rendere ai milanesi quello che avevano dovuto soffrire. Anche Como era stata a suo tempo distrutta e ora poteva rivalersi sulla città nemica.

Il 20 marzo, prima che iniziassero i lavori di demolizione, la città meneghina venne data al saccheggio, come prima era successo con Crema. Ad ogni comune venne assegnato un quartiere della passò la festività nella basilica di sant'Ambrogio, all'epoca posta fuori dalla cerchia muraria cittadina e i cui monaci erano da sempre alleati all'impero. Malgrado ciò anche il monastero dedicato al santo dovette subire le conseguenze della distruzione, con il proprio campanile dimezzato in altezza.

Dalla spogliazione della città, Rainaldo di Dassel, ottenne il bottino più ambito. Egli si accaparrò le reliquie più preziose che Milano all'epoca conservava: i corpi dei re Magi. Egli traslò quindi le sacre reliquie a Colonia, dove diventarono un importante meta di pellegrinaggio nel medioevo e dove ancora si trovano conservate nel Duomo cittadino.

Non tardò molto che dopo la distruzione di Milano anche le città alleate si arresero all'imperatore. Ormai non avevano nessuna speranza di ottenere la vittoria e una pace negoziata avrebbe evitato loro la fine di Milano. Brescia pagò 6000 marche d'argento mentre Piacenza dovette pagare la stessa cifra ma in più ebbe le mura abbattute e i fossati colmati.

Dopo tre anni di guerra ora in Lombardia regnava di nuovo la pace, anche se era solo un intervallo ad una nuova guerra.

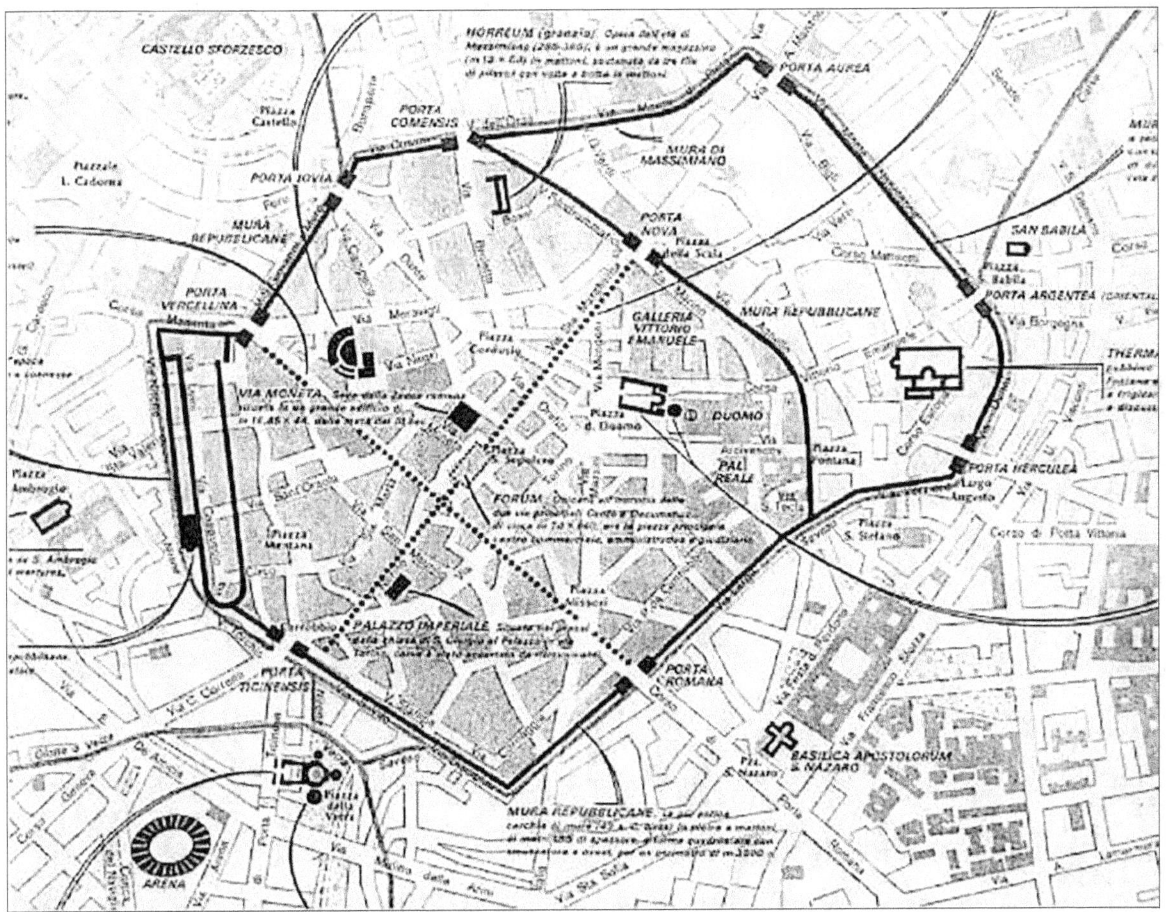

▲ Mappa di Milano con ben indicata la cerchia delle mura presente al tempo del Barbarossa.

▲ Rappresentazione di guerrieri in un candelabro scolpito nella basilica di San Paolo a Roma nel 1170. Si nota la cotta di maglia in ferro indossata dai soldati e gli elmi, senza nasale, sembrano riportare dei motivi araldici. Lo scudo della figura centrale è rinforzato da barre di ferro (Nicolò di Angelo, Pietro Vassalletto, Basilica di San Paolo fuori le mura, 1170, Roma).

III: IL TRIONFO DELLA LEGA LOMBARDA

Il Barbarossa e il tentativo di ripristino dell'autorità imperiale nel Regno d'Italia

Quando Federico lasciava l'Italia verso la fine del 1162, la città d'Ambrogio non esisteva più sulle carte; le abitazioni erano un cumulo di macerie abbattute fino alle fondamenta, gli abitanti vivevano una diaspora nei comuni vicini, solo alcune chiese erano state risparmiate dalla distruzione anche se depredate delle loro reliquie. Persino il monastero di Sant'Ambrogio, alleato indiscusso dell'imperatore, aveva avuto la torre del campanile dimezzata. Inoltre il contado milanese, brulicante di sfollati, era taglieggiato da rapaci funzionari imperiali, dapprima Marcovaldo Grumbac e poi l'ancora più avido Enrico de Disce, la cui inventiva nel tassare ogni cosa, persino i terreni non coltivati, divenne proverbiale.

Ora che la minaccia milanese era stata così sventata in maniera definitiva i comuni lombardi si ritrovavano con gli stessi problemi a cui Milano si era opposta da sola con tutte le sue forze.

Lo scontento generalizzato per la nuova situazione si sarebbe presto fatto sentire portando ad una coalizione di quasi tutte le città lombarde, cosa che sarebbe stata impensabile con la presenza di una città egemone come Milano.

▲ Rappresentazione di San Giorgio che uccide il drago scolpita nel 1135 nel duomo di Ferrara. Il cavaliere presenta una semplice cotta di maglia che protegge il corpo mentre le gambe sono prive di protezione (Ferrara, lunetta del duomo).

Nell'anno 1163 Federico Barbarossa discese nel suo regno italiano per la sua terza volta. Le sue mire si rivolgevano a Roma, che la contesa tra papa ed antipapa aveva da tempo privata del suo vescovo, ma, l'imperatore, sperava in particolar modo di scendere nel regno normanno ed imporre anche in quelle terre la sua sovranità. A tale scopo Federico pensava di appoggiarsi a Pisa e Genova, due delle più importanti città marinare dell'epoca insieme a Venezia, purtroppo le due città erano acerrime nemiche e in perenne conflitto tra loro. La politica imperiale si intromise così nelle questioni locali delle due città, ora appoggiando l'una ora favorendo l'altra. In particolare la situazione della Sardegna provocò a Federico diverse preoccupazioni. Lì infatti l'imperatore aveva dapprima appoggiato Genova nel creare un nuovo regno sotto un certo Barisone d'Arborea poi i Pisani, finendo per scontentare entrambi, impedendo alla fine la collaborazione delle due città per l'invasione del regno normanno di Sicilia.

In Lombardia la politica di Federico, volta a favorire alcune città a scapito di altre, vide la distruzione della città di Tortona su richiesta di Pavia. Azione brutale che avveniva in tempo di pace e che desterà un grave risentimento.

A ciò si aggiungevano le tensioni causate dallo scisma che dividevano le stesse città. Esemplare ciò che accadde a Bologna dove Federico impose il suo podestà Bozone, il quale pensò bene di mandare in esilio il vescovo cittadino Gerardo sostituendolo con lo scismatico Samuele. Il fatto provocò una dura rivolta che costò la vita allo stesso Bozone e costrinse successivamente i bolognesi ad umiliarsi per il perdono davanti all'irato imperatore che, calando verso sud nel 1167, aveva tutte le intenzioni di farla pagare cara ai bolognesi.

Nello stesso periodo moriva il papa filoimperiale Vittore IV, cosa che avrebbe potuto mettere fine allo scisma se il cancelliere e futuro arcivescovo di Colonia Rainaldo di Dassel non fosse intervenuto di sua iniziativa allestendo un veloce conclave a Lucca dove venne eletto papa Guido da Crema con il nome di Pasquale III. Rainaldo fautore di una linea politica intransigente contro le prerogative papali, rivendicando il primato dell'impero sul papa, inoltre detestava personalmente Alessandro III. Federico dovette subire questa scelta che prolungava lo scisma nella cristianità cattolica senza che l'imperatore riuscisse a ricomporlo, così come era nei suoi doveri. Inoltre, Alessandro III, guadagnava maggior terreno rispetto ai papi filoimperiali i quali apparivano sempre più strumenti politici asserviti all'impero. Persino in Germania la maggior parte del clero si schierò dalla parte di Alessandro, fatto salva la fedeltà all'imperatore.

Questa situazione politica non era certo favorevole a Federico e, non senza un certo imbarazzo, rimosse Rainaldo dalla sua carica di cancelliere dell'impero, pur affidandogli ancora importanti incarichi diplomatici presso le corti europee in funzione antialessandrina, elevandolo finalmente ad arcivescovo di colonia, lui che fino a quel momento non era neppure prete ma solo diacono eletto alla carica arcivescovile.

In Italia lo scisma incominciava a diventare pericoloso poiché dava una giustificazione legale alla rivolta. Di questo ne approfittarono i comuni veneti che apertamente cominciarono a contestare le decisioni di Roncaglia. Sopportare i podestà imperiali che decidevano la giustizia e la politica cittadina, impedendone guerre e alleanze, così come prescritto dalla *"Constitutio pacis"*, era ancora più difficile da tollerare di balzelli e tasse per l'impero imposte dalla *"Constitutio de regalibus"*.

Verona, che già in passato aveva dato segni di insofferenza al passaggio delle truppe imperiali da e verso il Brennero, era la capofila della alleanza delle città venete che si erano alleate in una lega, tra esse Vicenza, Padova e perfino la filoimperiale Treviso. A questo si aggiunge che Venezia appoggiava finanziariamente le città venete in funzione antimperiale.

Nell'aprile del 1164 la lega veneta era una realtà che Federico tentò di stroncare a giugno con alcune incursioni armate nel territorio veronese. Si trattò di una campagna di razzie e di distruzione dei campi fatta d'imboscate e scaramucce senza scontri importanti. Le forze imperiali non erano in grado di effettuare assedi a causa del loro scarso numero, in secondo luogo erano costituite in maggioranza da truppe italiche minate nel morale dallo scisma che le faceva dubitare dell'onestà della loro causa.

Nell'ottobre del 1164 Federico riattraversa le Alpi per occuparsi dei suoi regni del nord. La sua lontananza dai fatti italiani è però breve e già nell'ottobre del 1166 discende a sud delle Alpi per la quarta volta, passando per il Brennero e la Val Camonica essendo la Val d'Adige bloccata dalla Lega Veronese. In quell'occasione il sovrano svevo devastò le terre di Bergamo, il cui vescovo aderiva ad Alessandro III, trovando anche il tempo di fare una capatina in Val Seriana dove espugnò il castello di Redona, comportandosi in quelle terre con estrema crudeltà.

Le sue intenzioni erano sempre le stesse: occupare il regno dei normanni, limitare l'influenza bizantina in Italia e intronare papa Pasquale III a Roma dove intanto si era insediato papa Alessandro. Federico indisse una dieta a Lodi per il 15 novembre dove i dignitari delle città comunali del Regno d'Italia presentarono le loro rimostranze, chiedendo il ripristino delle consuetudini instauratesi con i predecessori di Federico. I comuni lombardi speravano nella cancellazione o, quanto meno, in una mitigazione delle decisioni di Roncaglia. Le aspettative dei comuni vennero disattese con la riconferma di tutti gli obblighi dettati dalla politica imperiale in Italia.

Nella primavera successiva Federico divise le sue forze per intraprendere la sua spedizione in Italia centro meridionale. Lo stesso imperatore con una parte dell'esercito si diresse verso la città filobizantina di Ancona che sottopose ad assedio per tre settimane per poi intavolare trattative che portarono ad un compromesso.

Un altro esercito composto da due contingenti guidati, rispettivamente, da Rainaldo di Dassel, arcicancelliere d'Italia e l'arcivescovo di Magonza Cristiano di Buch, si diressero alla volta di Roma nella speranza di catturare papa Alessandro ed insediare papa Pasquale. Il contingente di Cristiano era particolarmente forte composto da 700 mercenari borgognoni e 800 cavalieri Tosco-Lombardi e alcuni nobili fuoriusciti normanni come i conti Andrea di Rupecanina e Andrea di Bassavilla per un totale di 1500 uomini.

Il 18 maggio Rainaldo con i suo armati occupava Civitavecchia per poi spostarsi verso Tuscolo città laziale alleata. Da sempre Tuscolo rivaleggiava con Roma ed in quel periodo appoggiava papa Pasquale. L'arrivo di Rainaldo nel Lazio aveva suggerito al conte Raino di Tuscolo di chiamarlo in suo aiuto contro i romani. L'arrivo degli imperiali in aiuto alla città nemica indispettì il popolo romano che radunò un esercito forte di ben 30.000 uomini, in prevalenza composto dalla milizia urbana di Roma. Andarono, quindi, ad assediare Tuscolo, guidati forse dal nobile romano Oddone Frangipane.

L'arrivo del contingente di Cristiano portò, il 29 maggio 1167, ad uno degli scontri più sanguinosi di quel periodo nella battaglia di Prataporci, o di Monte Porzio Catone.

Cristiano arrivato presso Tuscolo, vista la disparità delle forze di oltre 10 a 1 cercò di parlamentare con i romani accampandosi ai piedi della collina di Monte Porzio Catone. I romani si sentirono sicuri della loro superiorità numerica e respinsero ogni trattativa.

Il giorno di Pentecoste i romani attaccarono l'esiguo esercito imperiale. Dapprima i mercenari borgognoni vennero travolti ma la carica della cavalleria ristabilì la situazione bloccando la fanteria nemica. I cavalieri invischiati nella lotta con i fanti di Roma difficilmente avrebbero potuto districarsi per una nuova carica ma, in loro soccorso, arrivarono 300 cavalieri provenienti da Tuscolo guidati da Rainaldo che, prendendo alle spalle i romani, ne spezzò in due l'esercito. La battaglia non era ancora persa per i romani che potevano contare sul numero se non ché Cristiano aveva coraggiosamente provveduto a mantenere una riserva di cavalleria fuori dal campo di battaglia con cui attaccò il fianco nemico nel momento di crisi per l'esercito romano. A questo punto la cavalleria romana venne messa in rotta e il resto del numeroso esercito romano cedette di schianto dandosi alla fuga, falciati senza pietà dalla cavalleria imperiale nella vasta piana.

La vittoria fu totale. Le cronache dell'epoca riferirono perdite tra i romani di 10.000 uomini tra morti e feriti, tanto era costata ai romani la battaglia. Questa disfatta rimarrà impressa nelle menti dei romani e, alcuni anni dopo, nel 1191, Enrico VI barattò Tuscolo per la sua elezione imperiale dandola al papa che, a sua volta, la consegnò al comune di Roma e ai romani che assalirono la città rivale con una foga tale da raderla completamente al suolo in maniera definitiva, senza che venisse più ricostruita, tanto che i suoi resti vennero alla luce solo nel 1800.

Federico, venuto a sapere della spettacolare vittoria mentre si apprestava a marciare verso la Puglia, volle portarsi con il suo esercito presso Roma. Lì assediò le mura leonine, aiutato anche da navi pisane che risalendo il Tevere misero a ferro e fuoco le campagne. La città del Vaticano fu occupata con la forza, costringendo papa Alessandro a rifugiarsi presso il Colosseo allora riadattato a fortezza dalla famiglia dei Frangipane. A questo punto Federico cercò di intavolare trattative da una posizione di forza per dirimere la questione dello scisma. Alessandro però non era disposto a barattare anni di lotte per rimettersi alla mercé del suo nemico così, nottetempo, travestendosi da pellegrino in visita ai luoghi santi di Roma, sfuggì al controllo imperiale per trovare rifugio presso i suoi alleati normanni, rendendo in parte vana la vittoria campale nei pressi di Tuscolo.

All'imperatore non rimaneva altro che intronare il suo papa e ricevere da lui le insegne imperiali, il primo di agosto, in una fastosa cerimonia in compagnia della regale consorte Beatrice di Borgogna. Il giorno seguente un violento temporale estivo colpì la città eterna e l'accampamento imperiale. A ciò fecero seguito giorni di calura eccezionale che, dalle pozze e dalle paludi, fece sorgere miasmi e febbri che colpirono senza distinzione cittadini e soldati. Il morbo investì in pieno l'esercito imperiale in pochi giorni, e già il giorno 6 di agosto l'esercito si ritirò da Roma in cerca di aria più salubre. Con essi anche papa Pasquale, troppo insicuro senza un esercito a proteggerlo nella sua città, a lui ostile. Malgrado lo spostamento il morbo continuò a mietere vittime, tra gli altri, il 14 agosto, Rainaldo di Dassel la cui azione politica aveva influenzato il decennio precedente. Tra le vittime anche numerosi nobili come Federico di Rothenburg, cugino dell'imperatore e duca di Svevia, Guelfo VII figlio di Guelfo VI di Memmingen, duca di Toscana e Spoleto e il cronista lodigiano Acerbo Morena, colpiti da un morbo, probabilmente malaria, che uccise alla fine ben 2000 soldati dell'esercito imperiale.

L'esercito di Federico risaliva la penisola assottigliandosi sempre di più. Attraversando territori ostili e impervi, solo l'aiuto del marchese di Malaspina permise a Federico e ai suoi di evitare imboscate lungo la via Francigena, utilizzando tortuosi passi appenninici, fino a quando, giunto a Pavia il 12 settembre, vi trovò una situazione politica, a dir poco preoccupante per le sorti dell'impero.

La lega dei Comuni

Per i comuni, la dieta di Lodi del novembre del 1166, era stata l'ultima possibilità di dirimere le questioni politiche in modo pacifico. All'imperatore venne chiesto di ripristinare almeno in parte le consuetudini valide per i suoi predecessori già dai tempi di Corrado III. I comuni stanchi da esazioni e balzelli a favore dello Stato imperiale e angariate dai podestà, chiedevano, in definitiva, un ripristino delle tradizioni, senza per altro mettere in discussione l'autorità imperiale.

Preso nell'organizzare la sua spedizione nel sud Italia, Federico non dette ascolto alle istanze degli ambasciatori dei comuni, lasciando che il risentimento strisciante contro la sua politica divenisse conflitto aperto.

Nella primavera del 1167, mentre Federico era impegnato contro Normanni, Bizantini e seguaci di Alessandro in Italia centrale, in Lombardia i comuni insorsero apertamente contro i rappresentanti imperiali. Vennero cacciati i podestà, rifiutandosi, poi, di adempiere agli obblighi feudali e, cosa ancor peggiore, richiamarono vescovi e prelati fedeli alla causa di papa Alessandro, diventando così, dal punto di vista giuridico, città ribelli e scismatiche.

A guidare la rivolta era la città filoimperiale di Cremona, la quale, ormai, si sentiva sicura per la distruzione della rivale Crema, preoccupata ora solo dalle ingerenze dei podestà imperiali.

Ad essa si aggiunsero subito Brescia, Mantova e Bergamo che, nel novembre del 1166, aveva avuto il contado devastato dal Barbarossa che poi aveva preteso dalla città degli ostaggi.

Possiamo immaginare come nell'inverno del 1167 i rappresentanti di questi comuni si incontrassero per discutere i termini di un accordo comune, ciò avvenne almeno due volte tra febbraio e marzo. Federico con il suo esercito lasciò Pavia l'11 gennaio del 1167 e nel marzo successivo i quattro comuni artefici della sommossa decisero di ricostruire Milano permettendo ai suoi cittadini, ora dispersi dalla diaspora, di ritornare alle loro terre.

Sull'esempio della Lega Veronese, Cremona, Brescia, Mantova e Bergamo a cui si aggiunsero i delegati di Milano si riunirono per giurarsi alleanza in una lega di comuni. La tradizione vuole che l'incontro fondante della Lega Lombarda ebbe luogo il 7 aprile nel monastero cluniacense di Pontida. Sulla veridicità storica di tale incontro molto si è discusso, in realtà le prime fonti storiche sul giuramento di Pontida sono tarde, risalendo al XVI secolo nella Historia Patria del milanese Bernardino Corio. Successivamente l'incontro di Pontida venne esaltato dagli storici del Risorgimento o contestato da altri per la mancanza di documenti contemporanei all'evento. Purtroppo Bernabò Visconti rase al suolo l'abazia benedettina nel XIV secolo distruggendo col fuoco eventuali documenti di quel fatidico incontro. La realtà dei fatti difficilmente verrà conosciuta ma verosimilmente la tradizione non si dovrebbe discostare molto dalla realtà se pensiamo che il monastero cluniacense di Pontida era molto legato alla città di Milano, tanto che nei primi mesi della diaspora aveva ospitato importanti prelati della città amica. Inoltre, sebbene di tradizione filoimperiale, i monaci appoggiavano papa Alessandro. E' poi anche possibile che i comuni, congiuranti contro l'imperatore, abbiano scelto, per incontrarsi, un luogo sacro per il loro giuramento, lontano dalle città comunali per non suscitare invidie, lontano anche da occhi indiscreti che avrebbero potuto mettere in allarme anzitempo le fazioni filoimperiali. Infine, il fatto che Pontida era all'epoca nel territorio milanese, poteva anche essere un omaggio alla città che da li a poco sarebbe stata ricostruita.

▲ Illustrazione risalente alla seconda metà del 1100 della lotta tra papato ed impero durante il secolo XI. Il cavaliere indossa un'armatura completa (Ottone di Frisinga, Codex der Universitätsbibliothek Jena Wikipedia).

I milanesi presero possesso della loro città il 27 aprile accompagnati in processione dai bresciani, bergamaschi e dai cremonesi, quest'ultimi che, solo pochi anni prima furono tra i più attivi nell'opera di distruzione di Milano, ora aiutavano la popolazione nell'opera di ricostruzione, finanziata in parte anche con denaro proveniente dall'impero di Bisanzio.

Se ad aprile gli accordi erano stati presi, la guerra cominciò a maggio, a primavera inoltrata. A farne le spese fu il territorio di Lodi messo a ferro e fuoco da forze preponderanti, tanto da costringere i lodigiani ad entrare a loro volta nell'alleanza contro l'imperatore lo stesso mese di maggio. La loro adesione alla Lega Lombarda avvenne fatta salva la fedeltà all'imperatore. Questo fu certo accordato visto che, la guerra, non era rivolta contro l'impero, di cui le città lombarde erano ben consce di farne parte, bensì contro una legislazione troppo accentratrice dei poteri che i comuni contestavano, abituati com'erano ad una tradizionale indipendenza da città stato.

Nell'estate di quell'anno aderirono alla Lega la città di Piacenza e poi Parma, preoccupata di non rimanere politicamente isolata. Il 10 agosto le operazioni militari procedettero con la conquista del castello di Trezzo presidiato da una guarnigione alemanna, vitale per unire le due sponde dell'Adda. A dicembre aderirono all'alleanza Ferrara, Modena, Bologna, Novara e, cosa più importante, la Lega Veronese al completo, con le città di Verona, Vicenza, Venezia, Treviso e Padova, convergendo in quella lega che allora era chiamata *Societas Lombardiae*. Era l'atto formale della nascita della Lega Lombarda. Nei primi mesi del 1168 aderiranno poi tutte le altre città lombarde con Vercelli, Tortona, Varese, Asti e la filoimperiale Como.

Una dieta tenutasi a Lodi nel maggio del 1168 ribadirà le alleanze e gli obbiettivi della Lega, verrà inoltre stabilito un tribunale arbitrale per dirimere pacificamente i conflitti tra i vari comuni, esautorando il tribunale d'appello dell'imperatore che aveva le stesse funzioni.

Il 27 marzo 1170 avverrà poi l'accordo più importante, tra la Lega e il papato di Alessandro, stabilendo

▲ Particolare di scultura del duomo di Modena, sono visibili i dettagli dell'armatura di cotta di maglia in ferro del cavaliere sotto il leone (Wikipedia).

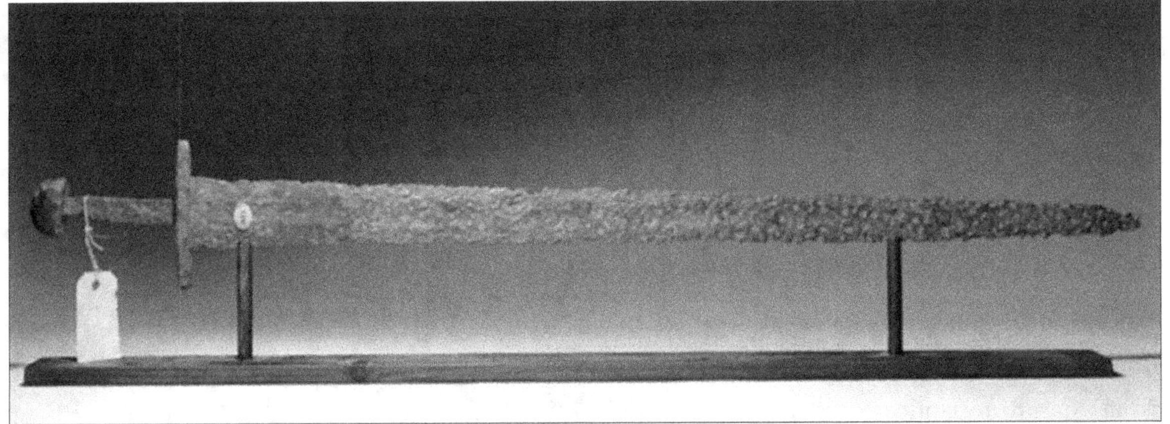

▲ Spada di provenienza tedesca della fine del XI secolo (collezione privata inglese).

▲ Il martirio di Becket dipinto da Alberto Sotio nel 1174 nella chiesa dei Santi Giovanni e Paolo a Spoleto. I cavalieri raffigurati sono equipaggiati con armature complete di cotta di maglia, mentre la figura centrale porta un elmo a protezione facciale (Martirio di Becket, chiesa dei Santi Giovanni e Paolo, Spoleto).

che non vi sarebbe stata una pace separata con l'impero ma sarebbe dovuta essere concordata tra i comuni e il papato.

Il Regno d'Italia era così diventato completamente ostile al Barbarossa. Solo il marchese del Monferrato e la Toscana gli rimanevano fedeli. In particolare la Toscana non entrerà mai a fare parte della Lega Lombarda.

Federico, che aveva passato il Natale del 1167 nella fida Pavia, si avvide dell'impossibilità di resistere ad un tale schieramento di forze. Lanciò quindi il bando contro le città ribelli e decise di prendere la strada per la Germania da dove avrebbe riorganizzato la rivincita. Aiutato dalla mediazione del marchese del Monferrato, Federico, raggiunse Susa e le terre del conte Umberto III di Savoia. Nella città di Susa l'imperatore fu protagonista di una spiacevole situazione quando, volendo impiccare un ostaggio bresciano, il nobile Zillio di Prando, per rappresaglia all'assedio del castello di Biandrate, la cittadina di Susa gli si rivoltò contro costringendolo ad una precipitosa fuga travestito da servo lasciando i bagagli e

▲ Guerrieri dell'Italia centrale. L'elmo indossato dalla figura di centro mostra delle decorazioni araldiche ben visibili (Nicolò di Angelo, Pietro Vassalletto, Basilica di San Paolo fuori le mura, 1170, Roma).

l'imperatrice Beatrice nelle mani dei rivoltosi, i quali trattarono comunque cavallerescamente la regale consorte lasciandola subito libera col suo seguito.

▲ A sinistra: Particolare del dipinto di Alberto Sotio che mostra il cavaliere in primo piano e una porzione del cavaliere alle sue spalle, entrambi equipaggiati con un elmo dotato di protezione facciale, segno che questo tipo di elmo era già in uso agli inizi del 1170 in Italia centrale (Martirio di Becket, chiesa dei Santi Giovanni e Paolo, Spoleto).; a destra: Scultura in rilievo di guerrieri. Gli elmi non hanno nasale ma portano semplici decorazioni araldiche. L'elmo della figura al centro ha la punta che tende in avanti, caratteristica di molti elmi normanni del regno di Sicilia (Nicolò di Angelo, Pietro Vassalletto, Basilica di San Paolo fuori le mura, 1170, Roma).

▲ L'esemplare della spada nella roccia di San Galgano risale alla seconda metà del XII secolo. Rimane ancora un mistero come la spada possa essere stata infilata all'interno della roccia compatta (Rotonda di Montesiepi, Chiusdino, Siena).

La quinta discesa del Barbarossa in Lombardia

Sfuggito alle ire dei cittadini di Susa in modo poco dignitoso, Federico ritornò a ricoprire il suo ruolo in Germania. Qui con una serie di diete cercò di limitare la situazione di effettiva diarchia che si era venuta a creare nel regno per causa di suo cugino Enrico il Leone

Federico era preoccupato del potere che Enrico il Leone era riuscito ad accentrare, governando sui territori della Sassonia e della Baviera. Le lunghe assenze dell'imperatore dalla Germania contribuivano a favorirne l'ascesa politica e territoriale che lo stesso Enrico incrementò con la tradizionale colonizzazione verso oriente tramite una guerra sui confini orientali contro la tribù slava degli Obodriti. Per limitare il potere del cugino, Federico, fin dal 1157, intraprese una politica volta ad isolare politicamente il Leone, concedendo importanti feudi a vassalli ostili al potente feudatario di Sassonia. In quest'ottica va vista la creazione del ducato di Slesia nel nord est della Germania. Queste manovre finirono per causare una lunga guerra tra Enrico il Leone e il suo più acerrimo avversario Alberto l'Orso della stirpe degli Ascani, fondatore e margravio della marca del Brandeburgo. Il conflitto nella Germania settentrionale, che Federico non riuscì ad impedire, si protrasse con alterne vicende dal 1166 al 1170, per concludersi, grazie anche all'intervento autoritario dell'imperatore, stanco di queste lotte intestine, con la vittoria del Leone e la definitiva sconfitta del margravio Alberto l'Orso.

Nel 1170 Federico impose la pace tramite la sua mediazione, obbligando Enrico a cedere Goslar sito nella parte orientale della Sassonia. Enrico non si rassegnò alla perdita di Goslar e la questione avrà una conseguenza negativa nell'esito della battaglia di Legnano

Queste lotte per il potere tra i potenti feudatari tedeschi finirono per indebolire la posizione dell'imperatore. Enrico il Leone ebbe certo a risentirsi della politica del cugino, volta a limitarne il potere, tanto che, l'indispettito duca di Sassonia, decise di vincolare il suo aiuto militare in Italia ad una contropartita politica, in particolare la restituzione di Goslar, cosa che l'imperatore non poteva accettare.

Federico impegnato nelle sue preoccupazioni a nord delle Alpi non dimenticava certo la problematica situazione del Regno d'Italia, tanto più che anche papa Pasquale III era morto ed era stato eletto un nuovo papa filoimperiale, l'ungherese Giovanni di Struma, col nome di Callisto III.

Per intronare a Roma il nuovo vicario di Cristo Federico inviò Cristiano di Magonza che, tra l'altro, avrebbe aperto la strada al momento del ritorno dell'imperatore.

Alla fine del 1171 Cristiano di Magonza si trovava in un Italia completamente ostile all'impero; i comuni avevano fatto lega con papa Alessandro che, a sua volta, si appoggiava ai normanni del sud Italia, mentre, i bizantini, continuavano la loro ingerenza politica distribuendo oro alla Lega in funzione antifedericiana. Fedeli all'impero erano rimasti i grandi feudatari come il marchese del Monferrato e la Toscana. In definitiva Cristiano si trovava in condizioni di forza solo in Italia centrale, cosa che gli consentì di rioccupare la riottosa Roma e consegnare la cattedra di Pietro a Callisto.

Altro compito di Cristiano era la pacificazione della Toscana che allora si divideva tra Pisa e Firenze da una parte, Lucca, Pistoia, Siena e Genova dall'altra. Lucca aveva appena subito una cocente sconfitta a Motrone nel novembre del 1170 a opera dei pisani. Cristiano non riuscì a risolvere l'intrico di odi e di risentimenti finì per inimicarsi i pisani, per poi compiere un infruttuoso assedio della città di Firenze.

Nel 1172 Cristiano andò ad assediare l'importante castello di San Cassiano, in Romagna, che resistette valorosamente prima di essere conquistato e distrutto con l'aiuto della città di Imola, in seguito fu ricostruito dai bolognesi.

Successivamente, dopo diverse azioni in Umbria, che portarono alla sottomissione di Spoleto e Asti e alla distruzione di alcuni castelli, si portò ad assediare Ancona, piazzaforte in mano ai Bizantini. A questa decisione contribuì l'appoggio di Venezia a Cristiano, malgrado la città lagunare facesse

▲ Cavalieri suonano dei corni di guerra. I corni erano utilizzati per segnalazioni militari soprattutto nelle regioni centro meridionali d'Italia (Rolandslied des Pfaffen Konrad, 1170, Libreria universitaria di Heidelberg, Cod. Pal. Germ. 112).

parte della Lega Lombarda. Il motivo si trovava nel fatto che i bizantini, guidati dal loro imperatore Manuele, avevano rotto i ponti con i veneziani, espulsi dalle piazze commerciali dell'Impero d'Oriente, da cui ne conseguì il desiderio di rivalsa dei veneziani.

L'assedio di Ancona ebbe inizio nell'aprile del 1173 con le truppe imperiali, composte dal duca di Spoleto e alcuni comuni della Romagna, tra cui Rimini, bloccavano le vie di terra, mentre i veneziani ponevano il blocco dalla parte di mare con 40 galee per un totale di circa 9000 uomini tra marinai, vogatori e soldati.

Era il secondo assedio che Ancona subiva in pochi anni da parte dell'impero. Fu un assedio lungo sei mesi in cui gli anconetani, circa 12.000 persone tra civili e militari, resistettero fieramente dando prova di eroismo in più occasioni.

In città vi era un legato del *basileus*, il *protosebastos* Costantino Dukas, che ebbe un ruolo determinante nel galvanizzare la resistenza. In due diverse azioni gli assediati riuscirono a respingere gli assalitori; una prima volta contro i Veneziani che tentavano di occupare il porto di Ancona con uno sbarco in forze e, poi, contro gli imperiali che accampati a ridosso delle mura tentavano di conquistarle.

Vi fu anche chi provò di riscattare la salvezza della città, attanagliata dalla fame, con una buona dose di denaro, rifiutata con sdegno da Cristiano che già pregustava la vittoria.

Tra gli episodi di eroismo ci fu quella del canonico Giovanni che, all'inizio dell'assedio, nuotò verso la più grande nave veneziana ancorata in porto tagliandone gli ormeggi con una scure e, sebbene la nave riuscì a non arenarsi sugli scogli, il fatto incoraggiò il morale degli assediati.

A metà ottobre Cristiano dovette accettare la sconfitta, ritirandosi dalla città a causa del sopraggiungere dell'inverno e della mancanza di vettovaglie. Numerose furono le leggende che fiorirono in seguito allo scampato pericolo, così come altre leggende nacquero in seguito a diverse vittorie contro le truppe del Barbarossa.

La sconfitta anconetana non pregiudicò la decisione di Federico di scendere in Italia e regolare definitivamente i conti con i suoi nemici. Nel maggio del 1174 alla dieta di Ratisbona annunciò la sua intenzione di discendere nel regno italico.

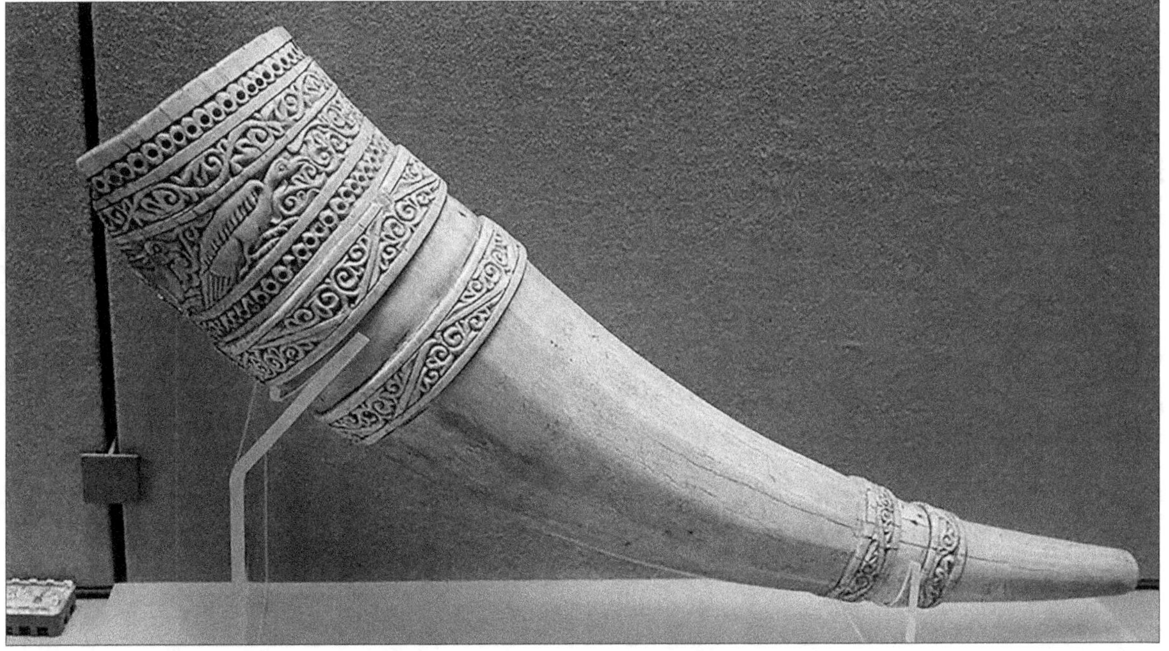

▲ Olifante in avorio proveniente dal sud Italia del tardo XI secolo. I corni erano utilizzati sia durante le cacce che in guerra per impartire segnali particolari (Museo del Louvre).

Nel settembre del 1174 Federico radunò l'esercito e alcuni importanti feudatari, tra cui il fratello Corrado, il duca di Boemia Ladislao, Boemia ormai prossima a divenire regno, Ottone di Wittelsbach, l'arcivescovo di Colonia Filippo di Heinsberg e quello di Treviri.

Il Barbarossa ridiscese attraverso la Borgogna e il Moncenisio, lungo lo stesso percorso che l'aveva visto fuggitivo e sconfitto nel 1168 e, come in una nemesi, portò morte e distruzione lungo il suo percorso. Susa venne rasa al suolo con incredibile ferocia, poi, una volta sceso in Pianura Padana, assediò Asti che, impaurita, subito si arrese. I tradizionali alleati di Federico si affrettarono ad abbandonare la Lega, città come Alba, Acqui, Pavia e Como non si fecero pregare nel tornare sotto le aquile imperiali. Pavia era ormai legata alla politica imperiale, mentre Como era preoccupata più dalle città lacustri concorrenti che dalla rinascente potenza di Milano, preferendo appoggiandosi così alla sicurezza offerta da Federico. I grandi feudatari del nord ovest si schierarono con le loro armate

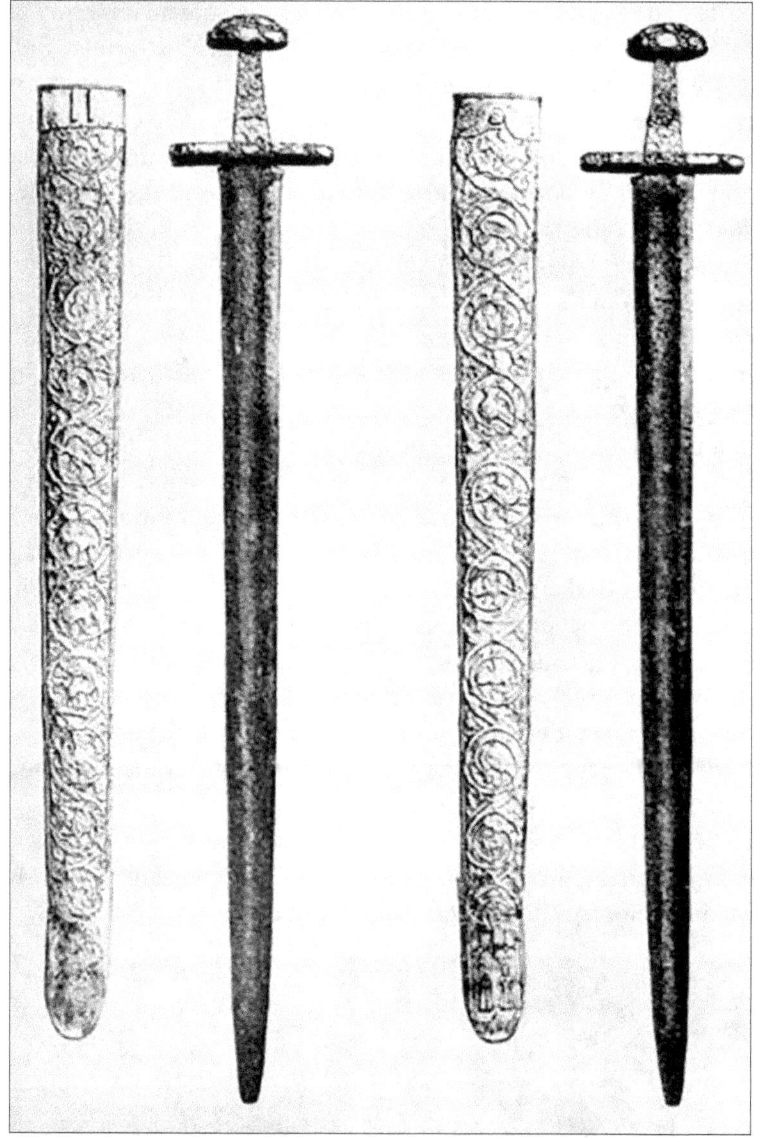

▲ Spade tedesche databili tra la fine del XI e l'inizio del XII secolo (Duomo di Essen).

con Federico sicuri della vittoria contro i comuni. Tra essi i fedeli conte Uberto di Biandrate e Guglielmo marchese del Monferrato che, il 19 giugno del 1172, era stato sconfitto a Montebello e costretto a cedere terre e castelli, oltre che ostaggi, tra cui uno dei suoi figli. Con queste forze riunite gli imperiali andarono a porre assedio alla città che, più di tutte, rappresentava una sfida all'autorità legittima: Alessandria.

L'assedio di Alessandria

Alla partenza dell'imperatore dal Regno d'Italia nella primavera del 1168 la Lega non rimase inattiva ma, nell'attesa del ritorno di un forte esercito imperiale dal nord, cercò in tutti i modi di rafforzare la propria posizione.

I collegiati assalirono le terre del conte Uberto di Biandrate a cui distrussero il castello per poi passare al marchese del Monferrato. Queste offensive nella parte occidentale della Lombardia

▲ Altra immagine di soldati scolpiti nel candeliere della Basilica di San Paolo a Roma con gli interessanti elmi decorati o in metallo ribattuto a formare delle scanalature (Nicolò di Angelo, Pietro Vassalletto, Basilica di San Paolo fuori le mura, 1170, Roma).

portarono anche Pavia ad aderire alla Lega nel 1170.

Nella loro opera di rafforzamento i rettori della Lega presero la decisione di costruire una città posizionata in luogo strategico che avrebbe dovuto controllare le vie di comunicazione tra Pavia, il Monferrato e le terre del conte di Biandrate. Il 20 aprile 1168 Milano, Cremona e Piacenza individuarono un luogo strategico posto alla confluenza del fiume Bormida con il Tanaro. La posizione permetteva di bloccare gli accessi tra la Liguria e la Lombardia, inoltre, gli acquitrini che circondavano la città, insieme ai due fiumi, la rendevano facilmente difendibile.

Il luogo designato alla fondazione del nuovo abitato corrispondeva, grossomodo, all'attuale cittadella militare precedentemente già abitato da un piccolo insediamento: Cesaria. Riconosciuta l'importanza strategica e logistica del sito vennero poste le basi della nuova città, chiamata, in onore del più importante alleato della Lega, Alessandria.

Consapevoli che il nuovo abitato avrebbe attirato le ire dell'imperatore venne emesso un bando di popolamento per la città appena eretta, elargendo ampi privilegi e regalia ai nuovi cittadini del libero comune, a spese del feudatario della zona, cioè i marchesi del Bosco. A tale richiamo risposero, in meno di un anno, ben 15.000 uomini, provenienti in larga parte dal circondario e consapevoli di doversi guadagnare i privilegi che il nuovo status di cittadini gli concedeva.

Alessandro III, da parte sua, ricambiò l'onore riconoscendo la nuova diocesi inviandovi un vescovo. Agli occhi dell'imperatore ciò doveva davvero essere troppo. Non solo i comuni si erano ribellati ma avevano anche preteso di gestire le regalie imperiali arrogandosi il diritto di fondare una città, cosa d'esclusiva pertinenza imperiale. Per di più avevano chiamato questa nuova fondazione con il nome del nemico più inesorabile di Federico.

▲ Cavalieri in battaglia protetti da ampi scudi. I comandanti dei due schieramenti portano degli elmi sormontati da corone ad indicarne la sovranità (Rolandslied des Pfaffen Konrad, 1170, Libreria universitaria di Heidelberg, Cod. Pal. Germ. 112).

I collegiati ben sapevano questo, intuendo come l'imperatore, sempre attento alle forme, non avrebbe potuto sopportare tale situazione al momento del suo rientro nel Regno d'Italia. Aspettandosi quindi un duro assedio fecero ogni sforzo per sviluppare le difese della nuova città. Tanto fu l'impegno nel realizzare solide mura che vennero tralasciate le rifiniture delle abitazioni civili i cui tetti rimasero di paglia da cui il soprannome di città dai tetti paglia o come la soprannominarono i pavesi in senso di spregio "città di paglia".

Pur avendo i tetti di paglia le fortificazioni di Alessandria vennero terminate a tempo di record, con due lati della città protetti dai due fiumi Bormida e Tanaro, mentre il terzo lato era rinforzato da un profondo fossato, infine, molto probabilmente, vennero anche realizzati magazzini per le derrate alimentari, necessarie per resistere ad un lungo assedio.

Si intuiscono le intenzioni della Lega nel prodigare sforzi nel realizzare Alessandria. Essi speravano che Federico s'impegnasse in un lungo assedio alla munita città dove una lunga guerra d'attrito ne avrebbe esaurito le forze in un vano assedio. Tempo prima a Crema l'esercito imperiale aveva dovuto subire più di uno scacco, impegnandosi in un lungo e sanguinoso assedio. Solo la mancanza di mezzi dell'esercito di Milano, allora completamente isolata, impedì al Barbarossa d'incorrere in una cocente sconfitta.

Conoscendo il Barbarossa e la sua alta idea dello Stato, i collegiati non si sbagliarono su quanto in effetti accadde al momento del ritorno dell'imperatore in pianura Padana. Egli, infatti, vedeva come fumo negli occhi la città realizzata in onore di papa Alessandro e, più d'ogni cosa, era intenzionato a raderla a suolo come già aveva fatto con Tortona e prima ancora con Milano. In questa decisione era certo incoraggiato dai nobili piemontesi che volevano sbarazzarsi di quel baluardo cittadino in prossimità delle loro terre feudali.

Non dovettero essere molto sorpresi, quindi, i lombardi che, all'interno di Alessandria, si videro circondare la turrita città il 29 ottobre del 1174. L'umido inverno padano era ormai alle porte, stagione non propizia per la guerra, malgrado ciò il Barbarossa volle comunque cimentarsi nell'impresa. Forse riteneva che la città, cresciuta improvvisamente come un fungo, non avrebbe retto al primo assalto, o, più probabilmente, aveva fretta di concludere in Piemonte per poi dirigere i suoi sforzi contro i più potenti dei comuni nemici. Inoltre il territorio circostante Alessandria non era del tutto bonificato, ricco com'era di stagni e paludi, la cui aria malsana avrebbe fatto correre il rischio di epidemie se l'esercito avesse assediato la città in estate. Il marchese del Monferrato era comunque fiducioso e riteneva che ad opporsi all'esercito di Federico ci fossero solo servi e contadini poco adatti alla guerra.

La realtà non era proprio così. A seconda delle fonti viene indicato un numero di 15.000 o 8000 uomini armati tra cavalieri e fanti, probabilmente quest'ultima cifra corrispondeva alla realtà che, per una cittadella delle dimensioni dell'Alessandria dell'epoca era già un numero di soldati molto elevato, tra loro un pugno di piacentini guidati da Anselmo Medico unici rappresentanti dei comuni alleati. Ad ogni modo la cifra di 15.000 indicava probabilmente gli abitanti totali, compresi i non combattenti, per una città si trattava, in ogni caso, di un rapporto tra combattenti e civili molto sbilanciato a favore dei primi. Ciò in considerazione del fatto che il numero degli imperiali viene stimato tra gli 8/10.000 uomini, in maggioranza sudditi provenienti dai feudatari del Regno d'Italia, tra cui spiccavano alcuni soldati genovesi, probabilmente tra loro vi erano i già famosi balestrieri. Il numero era comunque sufficiente a bloccare la città e dare inizio all'assedio.

A guidare gli assediati vi erano i due consoli Ruffino Bianchi e Biagio Brasca, con il podestà della Lega il bresciano Rodolfo da Concesa che, insieme al Bianchi, sarà l'anima della resistenza durante i lunghi mesi dell'assedio, in ciò aiutato dalla incrollabile certezza che gli alleati della Lega avrebbero nel frattempo organizzato un esercito di soccorso ad Alessandria.

Purtroppo le cronache dell'epoca sono avare circa gli accadimenti di quell'assedio.

Sappiamo che fin dal principio furono realizzate macchine d'assedio, cosa che ci conferma che le mura di Alessandria erano state realizzate in muratura. Successivamente, un attacco maldestro, portò alla perdita delle armi ossidionali, in particolare delle torri d'assedio che si impantanarono nel terreno reso melmoso dalle violenti piogge autunnali che spesso flagellano quella regione.

A questo punto agli imperiali non rimaneva altro che accamparsi per l'inverno davanti alla città nell'attesa degli eventi. Il successivo inverno fu particolarmente freddo ad Alessandria, il clima fu inoltre eccezionalmente piovoso, cosa che contribuì non solo ad arrugginire le armi in ferro degli assedianti ma causò inoltre molte defezioni nel campo degli imperiali, truppe feudali e mercenarie stanche di ammuffire nell'inattività dell'assedio lasciarono indisturbati l'armata per tornarsene a casa. Anche in questo caso furono molte le leggende che fiorirono negli anni seguenti all'assedio a cui gli alessandrini resistettero. La più famosa di esse riguardava la mucca Rosina che gli abitanti di Alessandria vollero inviare al Barbarossa dopo averla rimpinzata degli ultimi chicchi di grano che rimaneva agli affamati assediati per dimostrare agli assedianti come essi avrebbero potuto ancora resistere all'assedio. L'imperatore cadendo nel tranello tolse l'assedio da Alessandria. In realtà le derrate alimentari dovevano essere state stoccate con cura all'interno della città che da tempo si aspettava di dover subire un pesante assedio e, anzi, era auspicato dalla strategia della Lega. Oltre al cibo anche l'acqua non mancava all'interno della città e il Barbarossa non poté fare come a Tortona nel 1155 quando riempì di cadaveri putrefatti, zolfo e carogne di animali le acque di approvvigionamento idrico della città inquinandole irrimediabilmente.

Anche durante l'assedio di Alessandria non mancarono episodi di crudeltà. Il Muratori, storico italiano del 1700, riportò la narrazione del cronista Gotifredo Monaco secondo il quale, gli imperiali, erano usi ad impiccare tutti i prigionieri. Capitò anche che tre alessandrini venissero catturati e portati al cospetto dell'imperatore, quest'ultimo ordinò che fossero cavati gli occhi a tutti e tre. Dopo che si era provveduto ai primi due, Federico chiese spiegazioni all'ultimo prigioniero dei motivi della sua ribellione. Il giovane alessandrino rispose con fierezza che non era per odio contro il Barbarossa che combatteva ma per fedeltà al suo signore, console della città. Il Barbarossa soddisfatto della risposta lasciò libero il giovane che condusse i suoi sventurati compagni verso la città assediata.

L'assedio si protrasse così per i freddi mesi invernali con gli assedianti in maggiori difficoltà degli assediati, in cui le defezioni sempre più numerose non erano fermate da nessuno, a ciò si aggiunse la penuria di vettovaglie che causò la perdita di diversi cavalli, anche le malattie fecero la loro parte nel diminuire il numero dei soldati impegnati nell'assedio.

Federico cercò di compensare le perdite facendo affluire rinforzi dai suoi feudatari italiani, poi, ad aprile, volle tentare un nuovo assalto, questa volta però giocando d'astuzia.

In quei mesi invernali l'esercito imperiale non era stato del tutto inattivo, aveva impegnato il tempo nel realizzare alcune gallerie sotterranee che, passando al di sotto delle mura, sbucavano dentro la città contesa.

Gli scavi vennero conclusi alla fine del mese di marzo ma, per l'attacco, Federico volle aspettare il periodo della tregua pasquale, ribadita agli alessandrini dallo stesso imperatore per il giovedì santo. Nessuno si aspettava un azione di guerra quella notte e Federico si attendeva la caduta della città per un attacco compiuto di sorpresa.

L'azione fu tentata la notte tra giovedì e venerdì santo ma per gli imperiali si risolse in un clamoroso scacco. Il commando entrato di soppiatto in città venne scoperto prima che riuscisse ad aprire le porte e annientato. Le gallerie vennero poi scoperte e gli alessandrini sfruttarono quelle stesse gallerie per introdursi nell'accampamento imperiale cogliendo gli assedianti di sorpresa.

A questo punto gli assediati uccisero e distrussero tutto ciò che gli capitava a tiro; diedero fuoco alle armi d'assedio e all'accampamento imperiale, tra cui una torre lignea dove trovarono la morte tra le fiamme diversi armigeri. A seguito di questa azione furono molte le già scarse vettovaglie degli assedianti che andarono perse. Prima che gli imperiali si riprendessero dalla sorpresa e imbastissero un contrattacco gli alessandrini si ritirarono da dove erano venuti, sfruttando sempre i cunicoli faticosamente costruiti dal nemico, facendoli poi rovinosamente crollare in modo che non fosse più possibile impiegarli contro la città. Il giorno dopo gli imperiali abbandonarono l'assedio.

Erano ormai sei mesi che la città era assediata e Federico sarebbe rimasto per altrettanti mesi per far capitolare la città se gli eserciti della Lega non si fossero materializzati a minacciarlo da oriente. Il rischio era quello di vedersi schiacciati tra le mura di Alessandria e l'esercito di soccorso che avanzava.

Due contingenti composti da diverse migliaia di uomini provenienti dalle principali città della pianura Padana, guidati dal cremonese Anselmo da Dovara e da Ezzelino il Balbo da Romano (antenato del più famoso Ezzelino da Romano detto il terribile), erano avanzate nel territorio pavese devastandolo e, sabato santo, si trovavano ormai in vista del campo nemico.

Nel tentativo di confondere il nemico, Federico, inviò Cristiano di Magonza con un limitato contingente verso Bologna nella speranza che i collegiati lo inseguissero lasciando il grosso delle forze imperiali libere nei loro spostamenti. In realtà gli eserciti comunali non caddero nel tranello rimanendo alle costole del Barbarossa che ora si trovava con ancora meno uomini di prima.

La notte della vigilia di Pasqua i due eserciti si fronteggiavano nella pianura vicino a Marengo non molto lontano dalla città di Alessandria, ormai libera e vittoriosa. Il giorno seguente ci sarebbe stata una grande battaglia, forse risolutrice della contesa. Gli imperiali erano in forte inferiorità numerica e in parte circondati dal nemico.

Incredibilmente il giorno successivo la battaglia tanto attesa non ci fu. Si disse che non si voleva turbare la festa più sacra ai cristiani, rispettando la tregua di Dio. In realtà all'interno della

▲ Ottone I sconfigge re Berengario in una rappresentazione pittorica del tardo XII secolo. I cavalieri sulla sinistra hanno elmi a cupola con protezione nasale, mentre l'armatura non copre anche le gambe (Manuscriptum Mediolanense, Wikipedia).

compagine dei collegiati non vi era una così unanime identità di vedute come si voleva far credere. I cremonesi, che, insieme ai milanesi, erano l'altra colonna portante della Lega, non vedevano di buon occhio una totale sconfitta del loro vecchio alleato, con il rischio per giunta di macchiarsi di lesa maestà. Cremona cercava così di prendere tempo nella speranza di venire a trattative che avrebbero reso l'imperatore più malleabile circa le richieste dei comuni. L'esercito imperiale riuscì quindi ad allontanarsi da quella difficile posizione, riuscendo a salvarsi quasi per miracolo.

Successivamente, Federico, si diresse sulla ricostruita città di Tortona che, invece di chiudergli in faccia le porte, lo accolse a braccia aperte, schierandosi, forse per gelosia verso Alessandria, dalla sua parte. A questo punto, l'esercito imperiale, proseguì la marcia verso oriente in direzione della capitale Pavia, ma, qualche giorno dopo, i due eserciti si trovarono di nuovo l'uno di fronte all'altro, presso la città di Montebello, pronti ancora per la battaglia, con i collegiati intenzionati a bloccargli la strada per Pavia dove si sarebbe attestato. Ancora, incredibilmente, l'esercito della Lega, pur in netta superiorità numerica, non ritenne di provocare una battaglia. A questo punto furono intavolate trattative

▲ Capitello rappresentante due guerrieri normanni del XII secolo. I loro scudi hanno delle barre di metallo di rinforzo mentre il loro elmo è privo di protezione nasale (Monreale capitello con soldati normanni, Wikipedia).

che Federico accettò al volo. I promotori di tale intesa, manco a dirlo, furono i consoli cremonesi. Il 18 aprile del 1175 a Montebello si stabilì una tregua, detta successivamente pace di Montebello, vennero quindi indicate le modalità per le trattative di pace che avrebbero avuto luogo nei giorni seguenti.

Il fallimento della diplomazia imperiale

Per le trattative di pace accadde che la disputa sarebbe stata decisa eleggendo un collegio diplomatico composto da sei persone tre scelte dai comuni e tre da Federico, a cui si sarebbero aggiunti i consoli di Cremona come arbitrato in caso di controversie tra le parti, ciò a sottolineare il carattere di neutralità della città di Cremona che ora, davanti all'imperatore, tentava di sottrarsi dall'alleanza con la Lega. Anche una delegazione papale venne ammessa agli incontri diplomatici.

Dopo questi accordi gli eserciti delle due parti vennero congedati, l'imperatore si ritirò in Pavia e i negoziati ebbero inizio.

Sembrava che ormai la diplomazia avesse lasciato il posto alle armi per arrivare ad una pace condivisa e definitiva, ma le cose non andarono così.

I comuni erano disposti a pagare alcune tasse fisse all'imperatore ma chiedevano comunque la concessione delle regalie, era inoltre indispensabile che ogni comune potesse decidere sull'elezione dei propri consoli. Si chiedeva insomma una maggior autonomia politica a discapito di un centralismo politico che allora si stava affermando in altri Stati come la Francia e l'Inghilterra. I collegiati misero inizialmente in risalto la questione religiosa chiedendo l'immediata fine dello scisma, richiesta che venne poi tolta per la mediazione dei consoli cremonesi.

Queste richieste vedevano Federico possibilista nella loro accettazione. L'ostacolo maggiore venne, però, dall'alleanza tra il papato e i comuni. L'imperatore chiedeva infatti che i collegiati denunciassero tale alleanza e che la città di Alessandria venisse distrutta.

Sulle questioni di principio Federico era irremovibile.

Alla fine i diplomatici della Lega non vollero intaccare l'alleanza con il papa, essi mantennero fede alla volontà di non accettare una pace separata, così come era stato deciso negli incontri del 1170. I collegiati ricusarono l'arbitrato dei consoli cremonesi e abbandonarono le trattative con l'imperatore.

A questo punto Federico si serrò in Pavia e cominciò ad inviare disperate missive di soccorso in Germania e ai suoi feudatari italiani. Le irrisolte trattative erano durate diversi mesi nei quali un esercito imperiale guidato da Cristiano di Magonza era stato mandato in Italia centrale a rinforzare la posizione imperiale. Egli saccheggiò la città di Terni e dopo aver assediato e conquistato il castello di San Cassiano, Pisa e Lucca ritornarono sotto l'influenza imperiale. All'inizio del 1176 assaltò Fermo mettendola a ferro e fuoco. Cristiano, il 16 marzo, era riuscito anche a sconfiggere un'armata

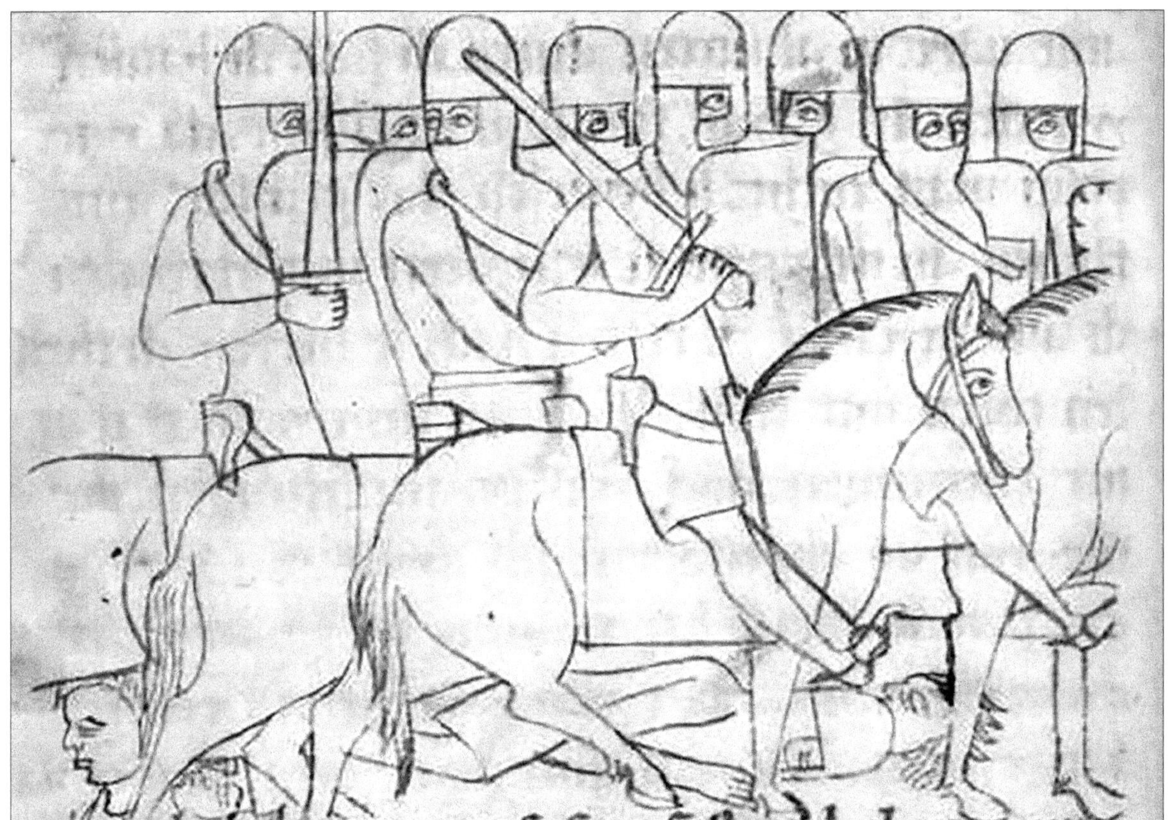

▲ Cavalieri in marcia dopo la battaglia. Si noti l'avvolgente sella da cavaliere e le lunghe staffe che mantenevano il cavaliere in posizione eretta. Non tutti gli elmi hanno il nasale di protezione, mentre la figura centrale ha un nasale a forma di T rovesciata a fornire protezione anche alla bocca (Rolandslied des Pfaffen Konrad, 1170, Libreria universitaria di Heidelberg, Cod. Pal. Germ. 112).

normanna presso Carseoli alcuni chilometri ad est di Roma. In quell'anno, l'alto prelato, poteva dire al suo imperatore di avere assoggettato l'Italia centrale.

Nel gennaio di quello stesso anno Federico si incontrò con Enrico il Leone a Chiavenna, allora appartenente alla Germania e ai diretti possedimenti dei duchi di Svevia.

L'imperatore chiedeva al potente cugino di soccorrere, con le sue truppe, l'esercito imperiale per la campagna primaverile nel nord d'Italia. Per il Leone aiutare il suo signore sarebbe stato un suo preciso dovere feudale, ma, Enrico, vide l'occasione per rifarsi della pace che era stato costretto a subire nel 1170. Egli chiese quindi in cambio del suo aiuto il territorio di Goslar che gli era stato appunto tolto in occasione delle trattative di quell'anno.

Federico non poteva accettare simili mercanteggi. Il suo concetto di *honor imperii* era troppo alto per subire tali richieste, inoltre, se avesse ceduto, il potere del cugino sugli altri feudatari sarebbe palesemente cresciuto a dismisura accreditando una vera e propria diarchia all'interno dell'impero. Le trattative si conclusero con un nulla di fatto e a Federico non rimase altro che rinunciare al potente esercito che il cugino avrebbe potuto mettere in campo. Per lo svevo era un vero affronto che non avrebbe dimenticato, ma, per ora, doveva fare affidamento sulle forze che era riuscito a mettere in campo.

La stagione della guerra era ormai alle porte e il cancelliere dell'impero, l'arcivescovo di Colonia Filippo, guidava un esercito tedesco che stava giungendo dalla Germania, partiti otto giorni passata la Pasqua. Dopo aver attraversato i territori svevi, l'armata scese per i Grigioni e il passo del Lucomagno, dove fu rallentata dalla guarnigione milanese del castello di Serravalle in Val Leventina, per poi raggiungere Bellinzona e costeggiare il ramo occidentale del lago di Como, unico percorso sicuro tra la Germania e l'Italia non controllato dai collegiati della Lega.

L'esercito teutonico raggiunse infine Como dove vi era l'imperatore ad attenderlo.

Opposte strategie

Il clima nella pianura Padana cominciava ad essere caldo il mese di maggio e, proprio verso la fine di questo mese, l'armata tedesca si univa alle milizie comasche e a quelle che il Barbarossa si era portato da Pavia. L'esercito imperiale così unito uscì da Como e dai suoi territori in direzione sud verso la fedele capitale Pavia.

Quali fossero le intenzioni di Federico possiamo solo intuirlo. Al momento di lasciare Como le sue forze non erano sufficienti da sole ad affrontare i più numerosi collegiati. Dopo il fallimento delle trattative con i comuni ora l'imperatore doveva affrontare il nemico in campo aperto in modo da ottenere una vittoria che potesse riaprire le trattative o, quantomeno, indebolire la compagine dell'alleanza tra i comuni, cosa non impossibile visto il precedente di Cremona, città che pur essendo stata tra i principali promotori della *Societas Lombardiae*, si era ritagliata una posizione di neutralità dopo le trattative di Montebello.

Era essenziale ottenere dei risultati in fretta in modo da risolvere la questione del Regno d'Italia e passare poi ad una soluzione dello scisma che più d'ogni altra cosa indeboliva Federico. Pacificato il fronte meridionale l'imperatore avrebbe potuto rivolgersi alla soluzione dei problemi tedeschi causati dallo strapotere del cugino.

In quei giorni conclusivi di maggio, Federico, voleva raggiungere Pavia e lì operare il concentramento di tutte le sue forze per poi scattare all'offensiva. Nei disegni imperiali a Pavia si sarebbero quindi uniti i potenti feudatari piemontesi, come il marchese del Monferrato e il conte di Biandrate, Federico aveva inoltre richiamato l'esercito guidato da Cristiano di Magonza. L'esercito così riunito avrebbe compensato il mancato intervento di Enrico il Leone e avrebbe costituito una seria minaccia per la Lega.

Per raggiungere Pavia Federico non si preoccupò nel prendere il tragitto più diretto che costeggiava il territorio milanese. Il desiderio di far presto prevalse su ogni esigenza di prudenza. Probabilmente si sentiva abbastanza sicuro di non essere attaccato dopo che aveva preso ogni cautela nel mantenere segreta la sua marcia e l'arrivo dei rinforzi, riteneva inoltre che l'iniziativa fosse ancora in campo imperiale, considerando anche ciò che era accaduto l'anno precedente quando le incertezze dei collegiati aveva evitato un disastro alla compagine imperiale.

Ad ogni buon conto, Federico, lasciò a Como l'imperatrice Beatrice con la corte, il rischio di scaramucce, scontri anche non risolutivi, era ritenuto comunque troppo elevato per esporre i non combattenti.

Lasciata Como gli imperiali raggiunsero il territorio dei conti del Seprio posto ad occidente di Milano, antichi nemici del comune di Sant'Ambrogio che si era espanso a spese di questi feudatari. Si era nella settimana di Pentecoste quando, il 28 maggio, l'esercito raggiunse la località di Cairate sul fiume Olona. Alcuni storici posteriori agli eventi confusero Cairate per Carate, dove si inventarono uno scontro armato con alcuni razziatori imperiali che in realtà non accadde mai. Del resto il borgo di Carate si trovava postò molto più ad oriente, lontano dalla linea di marcia tra Como e Pavia. La vigilia della battaglia probabilmente il Barbarossa pernottò nella vicina Castelseprio, poco più a nord di Cairate, dove sorgeva il maniero dei feudatari locali, ospite dei signori del Seprio.

Nel campo della Lega il fallimento dei negoziati non portò ai collegiati una maggior intraprendenza nell'azione. I comuni della Lega non intrapresero alcuna azione offensiva di rilievo contro i territori nemici, non cercarono di sfruttare la loro superiorità per assediare Pavia o Como. Ancora nella primavera del 1176 la Lega si manteneva sulla difensiva lasciando l'iniziativa al nemico.

Anche per i comuni lombardi vi era la necessità di ottenere una vittoria che potesse rinsaldare un alleanza in cui già si erano notate le prime crepe. Cremona aveva colto l'occasione delle trattative per poi conservare un atteggiamento di neutralità, sfilandosi dall'alleanza che aveva contribuito a creare, mantenendosi equidistante tra i due contendenti. Cremona lasciava così Milano come unica città egemone all'interno dell'alleanza assegnandole un ruolo di maggior responsabilità.

Da questo però derivava il vantaggio di una unità di comando che l'anno prima era del tutto assente. Ora Milano poteva dirigere le operazioni della Lega senza le indecisioni dovute ad una città da sempre filoimperiale.

Sul finire del mese di maggio si sapeva che un esercito tedesco stava per valicare le Alpi per portare rinforzi al Barbarossa. Si credeva che i nemici non fossero neppure giunti a Bellinzona, fu quindi un'amara sorpresa quando a Milano si diffuse la notizia che i rinforzi nemici erano giunti a Como e, unitisi all'imperatore, avevano già lasciato la città lacustre in direzione Pavia. Fu subito chiaro che le intenzioni del nemico erano quelle di concentrare tutte le sue forze su quella città per poi muovere all'attacco della Lega, forse anche in direzione di Milano, la più importante città dell'alleanza. Vi era quindi l'assoluta necessità di bloccare il Barbarossa prima che si unisse al resto dei suoi feudatari.

Quando i milanesi uscirono dalla loro città insieme agli alleati e al Carroccio in direzione del Ticino non si conosceva la posizione del nemico, tanto che alcuni lo credevano ancora lontano. In realtà per il giorno 29 maggio i collegiati non si aspettavano uno scontro e i reparti in marcia formavano una lunga colonna con le forze alleate disposte a scaglioni tra loro che si snodavano per chilometri verso Milano lungo il fiume Olona. Di certo, la loro speranza, era di costringere il nemico ad una battaglia campale risolutiva.

Per la Lega poteva anche essere l'ultima possibilità per affrontare gli imperiali in condizione di vantaggio.

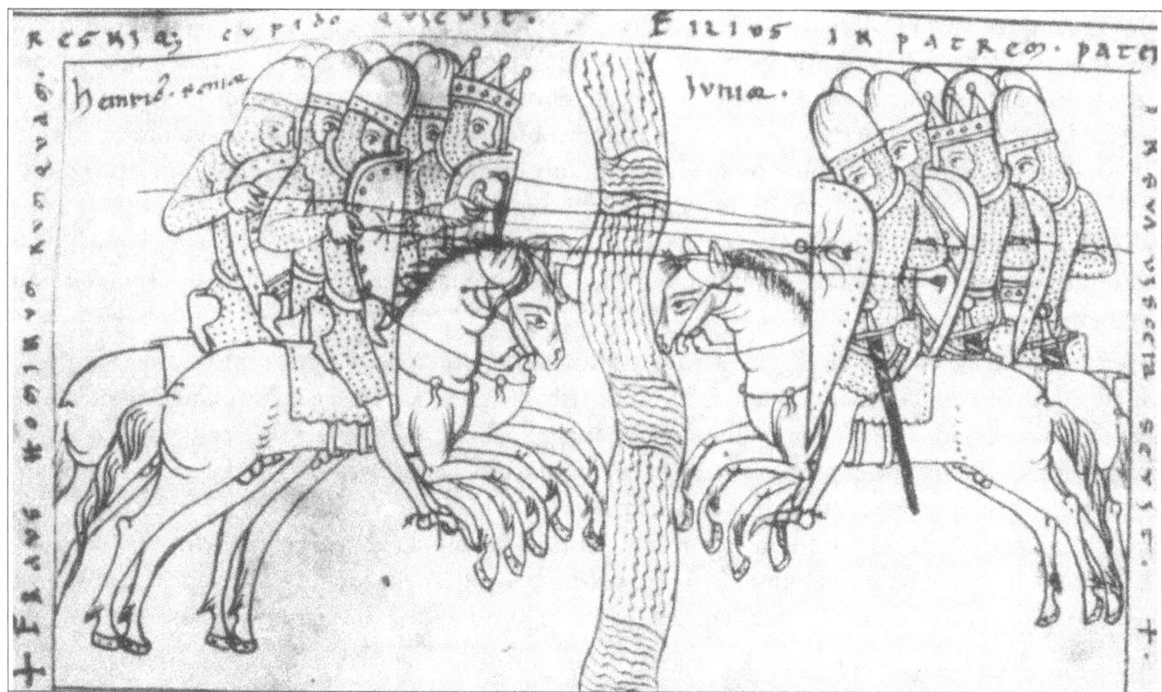

▲ Scontro tra cavalieri. La formazione dei due schieramenti è compatta, con i cavalieri che proteggendosi con gli ampi scudi caricano con la lancia in resta. Le armature dei cavalieri raffigurati non arriva a protegge le gambe. È visibile la grande sella e la postura dei cavalieri in piedi sulle staffe che favoriva la stabilità e la potenza dell'impatto contro gli avversari (Ottone di Frisinga 1157, Heinrich Regen, Codex Jenesis).

▼ Scultura dell'inizio del XII secolo realizzata sull'archivolta della cattedrale di Modena. Il cavaliere è rappresentato alla carica con la lancia in resta mentre si protegge sulla sua sinistra con lo scudo (Cattedrale di Modena).

Legnano, la battaglia decisiva

Era l'alba del 29 maggio 1176, sabato di Pentecoste. Federico Barbarossa lasciando di prima mattina le terre del Seprio non immaginava lontanamente che quel giorno poteva essere l'ultimo della sua esistenza terrena. Le prime ore della giornata furono impiegate dall'esercito imperiale nell'attraversamento del fiume Olona in direzione Pavia.

Nello stesso momento l'esercito lombardo risaliva lungo la sponda dello stesso fiume più a sud nel tentativo d'intercettare la colonna nemica. Una forte avanguardia di cavalleria pesante avanzava per prima, seguita dal grosso delle fanterie con il grande Carroccio aggiogato ai buoi, infine vi era il resto della cavalleria della Lega che procedeva ad una certa distanza dalla colonna della fanteria. L'armata non era però al completo, le fanterie di Brescia e Verona si erano attardate a Milano ritenendo che il nemico fosse ancora lontano e che, per quel giorno, non vi sarebbe stata battaglia, questi reparti non faranno in tempo a partecipare allo scontro.

Il cardinale alessandrino Bosone, cronista contemporaneo degli avvenimenti, indicò con precisione i luoghi delle vicende storiche legate alla battaglia. Il grosso dell'esercito della Lega si fermò in un posto favorevole sulla sponda destra dell'Olona a 15 miglia da Milano (circa 20 chilometri), distanza esatta tra la città di Legnano e Milano, tra la pieve di Brixianum (cioè Borsano) e Barranum (storpiatura di Legnano). Per il cardinale erano le 8 del mattino quando ebbe inizio lo scontro.

A questo punto venne inviata l'avanguardia di 700 cavalieri di Milano e Brescia in direzione Busto Arsizio, per quello che doveva essere una ricognizione aggressiva. Dopo aver percorso 3 miglia, tra Borsano e Cascina Borghetto, la cavalleria pesante della Lega, uscendo da un bosco, si trovò di fronte l'avanguardia imperiale che, dopo aver lasciato Busto, procedeva verso Pavia: si trattava di 300 cavalieri in maggioranza tedeschi. L'incontro fu casuale e inaspettato per entrambi i contendenti. I collegiati avvedendosi dell'inferiorità numerica del nemico, oltre 2 a 1 in favore della Lega, vollero subito attaccare l'avanguardia nemica, confortati anche dall'avere il resto del loro esercito poco distante alle loro spalle. I lombardi schierandosi in quattro corpi principali si lanciarono contro i cavalieri nemici dando inizio alla battaglia.

L'avanguardia imperiale non si fece impressionare dal numero superiore dei lombardi e anch'essa partì alla carica senza esitazione, lancia in resta e, presumibilmente, secondo l'uso dell'epoca, disponendosi su almeno due linee serrate tra loro, considerando che un allineamento disposto su tre o più righe avrebbe ridotto sensibilmente il fronte d'impatto e, conseguentemente, una maggior facilità nel venire circondati.

Il cozzo tra le due cavallerie fu violento e subito si accese una mischia feroce dove i lombardi si trovarono presto in difficoltà. Furono in particolare i milanesi a sostenere maggiormente l'impatto contro la cavalleria imperiale, mentre i bresciani vennero coinvolti solo in maniera limitata nello scontro, tanto che nella fase successiva della battaglia avranno ancora un ruolo importante. Probabilmente i bresciani occupavano un'ala dello schieramento di cavalleria, non direttamente investito dalla carica nemica. Essi avrebbero ancora potuto ribaltare le sorti dello scontro di cavalleria aggirando gli imperiali impegnati contro i milanesi e prenderli alle spalle ma, inspiegabilmente, la cavalleria bresciana si ritirò velocemente dallo scontro. Non è difficile immaginare che i bresciani si siano resi conto dell'arrivo dell'esercito imperiale al completo con in testa l'imperatore stesso.

Visti i loro alleati darsi alla fuga i milanesi persero la loro coesione cedendo definitivamente. Se i bresciani si ritirarono in buon ordine mantenendo i ranghi, per i milanesi fu invece una rotta incalzati da vicino dai nemici. Per Bosone alcuni di questi cavalieri si fermarono 900 metri dopo aver oltrepassato il Carroccio, per gli Annali Piacentini alcuni raggiunsero addirittura Milano. Per questi ultimi, una volta raggiunto il focolare domestico, la battaglia poteva dirsi conclusa.

Una parte della cavalleria in fuga raggiunse infine il Carroccio le cui fanterie si stavano apprestando alla difesa.

I cronisti dell'epoca ci tramandano come la disposizione del Carroccio e delle fanterie della Lega fosse pericolosa e contraria ad ogni logica. I collegiati non si erano schierati nel mezzo della pianura, preferendo mettersi con alle spalle una profonda scarpata degradante verso il fiume Olona che ne aveva scavato le sponde davanti Legnano. Questa disposizione impediva alle fanterie della Lega qualsiasi movimento e in caso di sconfitta avrebbe impedito qualsiasi via di fuga, da cui ne sarebbe conseguito un totale annientamento dei difensori. I motivi di questa scelta non sono noti, secondo alcuni storici non si sarebbe trattato di un errore in un frettoloso schieramento, bensì la decisione di costringere i fanti a combattere fino all'ultimo per salvarsi la vita dopo che ogni via di fuga era preclusa.

Intanto, dopo lo scontro delle avanguardie, il primo sangue era dalla parte degli imperiali.

Federico venne consigliato dal suo seguito di accontentarsi di quella vittoria e di proseguire verso Pavia, come stabilito inizialmente. Se lo Svevo avesse accettato questi suggerimenti lo scontro tra le opposte avanguardie sarebbe rimasto uno dei tanti combattimenti senza importanza che caratterizzavano il modo di fare la guerra dell'epoca, invece, Federico, decise di proseguire l'azione.

Forse riteneva di aver sconfitto la totalità della cavalleria nemica e, vedendo il Carroccio, pensava di poter replicare quanto avvenuto anni prima a Carcano, quando il Carroccio venne catturato facilmente dalla cavalleria imperiale e le fanterie nemiche disperse.

Federico Barbarossa volle quindi attaccare le fanterie nemiche con tutta la cavalleria a sua disposizione, mentre la fanteria imperiale, rimasta indietro e per nulla considerata dal sovrano, raggiungeva lentamente il campo di battaglia.

Iniziava la seconda fase della battaglia, quella che più a lungo si sarebbe protratta nel tempo.

Federico sperava in una veloce risoluzione dello scontro con le fanterie nemiche, così come accaduto a Carcano, in realtà i fanti della Lega si serrarono dietro i loro scudi, forti del loro numero e, con uno schieramento di 5 linee, si prepararono a respingere la furia nemica.

La cavalleria imperiale si lanciò come un maglio contro la numerosa fanteria della Lega, lancia in resta e in formazione, serrata spalla a spalla, una volta venuti in contatto si accendeva una mischia furibonda finché i cavalieri si ritiravano per riprendere fiato e slancio nella successiva carica.

Il Barbarossa combatteva tra i primi, lanciandosi con coraggio contro i nemici incurante dei rischi

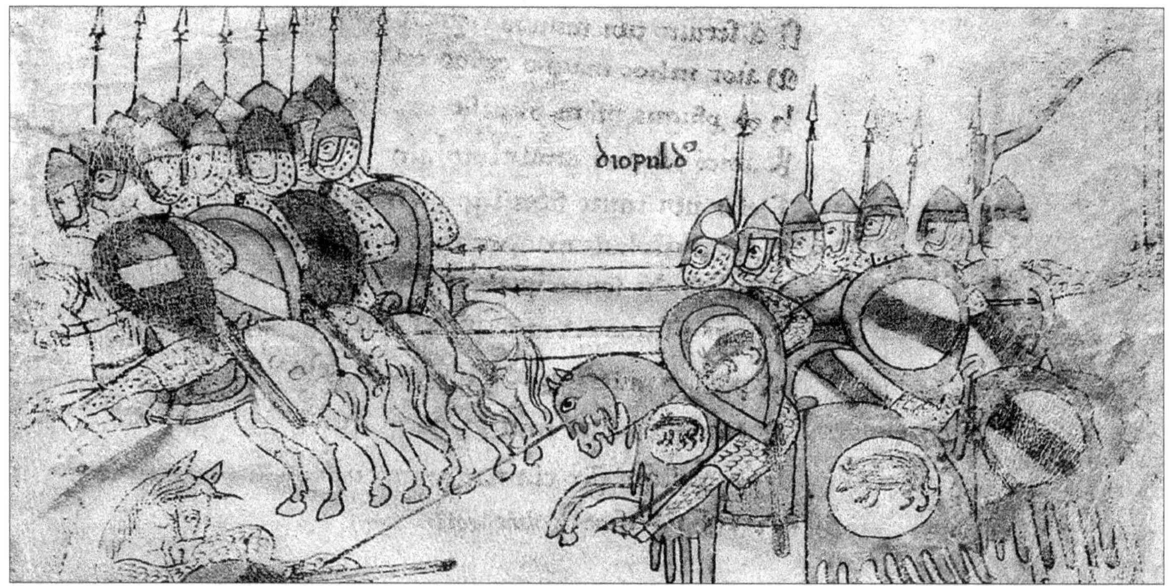

▲ Cavalleria all'inseguimento (Liber ad honorem Augusti sive de rebus Siculis da Petrus de Ebulo, 1196, Codex 120II, Burgerbibliothek Bern).

e di ciò che poteva accadere sul campo di battaglia, come in preda di una sorta di *"furor teutonicus"*, il cui unico obiettivo era quello di raggiungere il Carroccio che, carica dopo carica, si faceva sempre più vicino, pensando forse di gettarlo nell'Olona, come aveva già fatto a Carcano, quando catapultò il prezioso carro milanese in un profondo fosso.

Ad ogni carica di cavalleria una linea della schiera della fanteria avversaria veniva fatta a pezzi, gli scudi venivano infranti dalle lance imperiali poi cominciava il corpo a corpo dove il rischio maggiore per i cavalieri era quello di perdere il loro potente destriero da guerra per poi continuare a combattere al suolo. Pochi tra i fanti della Lega potevano vantare armature valide come quelle della cavalleria, così si trovavano spesso a mal partito contro uomini completamente corazzati.

A sorreggere i lombardi nello scontro erano gli incitamenti che venivano dal Carroccio, dove si recitava la messa e dove si portavano i feriti per essere soccorsi con le prime cure. Inoltre si sapeva che la cavalleria della Lega sarebbe dovuta venire in soccorso della fanteria, sperando che ciò potesse accadere prima che la fanteria venisse annientata dal Barbarossa. Per questo bisognava resistere, inoltre con le spalle al muro non si avevano altre alternative.

Ben quattro delle cinque linee con cui si era schierata la fanteria, vennero travolte in altrettante cariche della cavalleria imperiale. Per diverso tempo i collegiati dovettero subire l'azione del nemico a piè fermo, forse per qualche ora. Alla fine l'ultima carica si lanciò contro l'ultima linea di resistenza, quella più vicina al Carroccio e anche quella meglio equipaggiata. Federico ormai poteva lambire il Carroccio.

La vittoria sembrava ormai alla portata degli imperiali quando, inaspettatamente, la cavalleria pesante della Lega al completo si palesò al fianco della cavalleria di Federico che, a questo punto, si trovava schiacciata tra la cavalleria e la fanteria nemica. Nessuna speranza poteva venire agli imperiali dalla loro fanteria che, isolata, veniva investita dalla cavalleria nemica senza riuscire ad opporre una valida resistenza.

Il cronista italo tedesco Goffredo da Viterbo, cappellano di Federico, descrisse quegli avvenimenti a cui prese parte in prima persona: "L'ira dell'imperatore ne uccide moltissimi. Dopo aver abbracciato con lo sguardo tutto l'insieme, balza innanzi ai suoi, si lancia contro i nemici, ne abbatte due schiere, schianta la terza e mette in fuga la quarta. La quinta schiera è la più gagliarda e la più terribile. Il re ordina la ritirata e i soldati, ormai stanchi, obbediscono. Scende tetra la notte, la mia gente è in fuga. I Lombardi disperdono i Comaschi e Como, dolente, piange lo sterminio del suo popolo".

Per gli imperiali l'arrivo della cavalleria nemica fu un amara sorpresa, tanto da gridare all'imboscata. Il continuatore della cronaca di Ottone di Frisinga riportò il fatto in questi termini: "Mentre però le truppe imperiali combattono con foga e contano ormai sulla vittoria, le forze bresciane, poste in agguato per recare aiuto, fanno un improvvisa sortita, attaccano l'esercito dell'imperatore alle spalle e lo mettono in fuga dopo aver fatto molti prigionieri e seminato morte. Ottenuta una sfolgorante vittoria non danno tregua ai fuggiaschi, mentre l'imperatore si salva a stento".

Quello che per gli imperiali era un imboscata in realtà si trattò di una manovra della cavalleria lombarda conveniente ad attaccare da una posizione favorevole.

Quando la cavalleria della Lega ebbe il tempo di concentrarsi, a meno di un chilometro dal Carroccio, non sferrò subito un attacco direttamente contro il nemico impegnato ad assaltare la fanteria. Preferì invece compiere un ampio giro verso il Ticino in modo da poter prendere alle spalle il nemico.

Nel compiere un ampio semicerchio, percorrendo i fitti boschi che ricoprivano le terre tra il Ticino e l'Olona, i cavalieri lombardi potevano sperare nella strenua resistenza delle loro fanterie intorno al Carroccio e, percorrendo quel tragitto, nascosto agli occhi dei nemici dalla folta vegetazione, dovettero impiegare molto tempo, ciò spiegherebbe il perché del lungo ritardo con cui la cavalleria della Lega intervenne in soccorso della fanteria, serrata alla disperata difesa del Carroccio e che permise al Barbarossa di lanciare tranquillamente più cariche contro la fanteria nemica, intervallate da momenti di pausa.

Quando la cavalleria dei collegiati uscì dal limitare del bosco si trovava in una posizione favorevole per poter lanciare la carica. Primi ad attaccare furono i cavalieri bresciani, desiderosi di rifarsi dello smacco della mattina, seguiti dal resto della cavalleria, parte della quale si lanciò sulla fanteria imperiale. Quest'ultima attaccata al fianco e senza la copertura della propria cavalleria non riuscì ad opporre alcuna valida resistenza.

Nel frattempo, il Barbarossa, vistosi perduto da un attacco inaspettato al proprio fianco destro, cercò con la sua cavalleria di aprirsi la strada della salvezza verso il Ticino. Ne scaturì un durissimo scontro tra le opposte cavallerie.

Gli imperiali, in inferiorità numerica si batterono disperatamente, erano ore che combattevano senza praticamente sosta nelle loro pesanti armature, soffocati dal caldo di quel giorno di fine maggio.

Federico, come un leone, combatteva sempre tra i primi per rincuorare i suoi tramite il suo esempio di coraggio e di valore. Fino a che l'imperatore combatteva non tutto era perduto e ognuno triplicava i propri sforzi.

Il corpo a corpo tra le cavallerie divenne sempre più serrato, quando un colpo di lancia colpì a morte l'alfiere imperiale che cadendo finì sotto gli zoccoli dei cavalieri impegnati nel combattimento, con lui cadde anche lo stendardo, punto di riferimento degli imperiali. A questo colpo per il morale imperiale se ne aggiunse subito dopo un altro. L'imperatore venne colpito e cadde da cavallo, scomparendo nella polvere della battaglia. Come un eroe omerico rapito dagli Dei nel mezzo della mischia anche l'imperatore da quel momento in avanti sparì davanti a tutti.

Per le esauste schiere imperiali ciò era troppo. Persero coesione cedendo, da quel momento ognuno pensò a salvare se stesso. Iniziava così il massacro.

Alcuni cavalieri imperiali riuscirono a divincolarsi dalla morsa del nemico per raggiungere il vicino Ticino, solo per trovarvi la morte tra i flutti del fiume. Le pesanti armature che nel corso della battaglia avevano contribuito a preservarne la vita ora li perdevano irrimediabilmente trasportandoli nel fondo dell'alveo fluviale.

Molti cavalieri furono catturati dai collegiati in previsione di un riscatto o di uno scambio di prigionieri. Sorte diversa, come sempre, per i fanti imperiali, inseguiti dai cavalieri e falciati senza pietà nell'ampia pianura per una distanza di 8 miglia, fino al loro totale sterminio.

Le fonti sono concordi nell'indicare la fine della battaglia intorno alle tre del pomeriggio.

I caduti furono diverse migliaia, i comaschi subirono le perdite maggiori, venendo spietatamente massacrati e solo 500 di essi furono fatti prigionieri, così Bosone scrive a riguardo: "Quei perfidi comaschi che in maniera irriguardosa e pazzesca si erano staccati dall'unione colla Chiesa e dall'alleanza coi lombardi, rimasero quasi tutti sul campo, trafitti dalle spade, o condotti vergognosamente in prigionia".

Alla fine della giornata l'esercito imperiale tra morti e prigionieri poteva dirsi completamente annientato. Prigionieri molti nobili tedeschi tra cui il fratello del vescovo di Colonia Gosvino di Heinsberg, un nipote dell'imperatrice, il duca Bertoldo di Zaringa oltre a molti altri che verranno utilizzati per riscatti e scambi di prigionieri.

Molti furono anche i dispersi che raminghi raggiunsero alla chetichella Pavia, anche alla distanza di sette giorni dalla battaglia.

Neppure tra i collegiati le perdite dovettero essere lievi, soprattutto tra i fanti che si opposero coraggiosamente agli attacchi devastanti della cavalleria nemica.

L'eco della battaglia fu tale che molti milanesi, il giorno dopo lo scontro, si recarono sul campo di battaglia per ricostruire l'andamento degli eventi dalla posizione dei numerosi caduti.

Anche il bottino per gli alleati della Lega fu notevole; la cassa militare imperiale ricca di denaro e gli oggetti saccheggiati, fu impossibile sistemarli tutti sul Carroccio per portarlo a Milano per la suddivisione tra le varie città che avevano partecipato allo scontro.

Nei giorni seguenti fu a lungo cercato il corpo dell'imperatore. Forse già lo si riteneva uno dei tanti caduti senza nome che la violenza delle battaglie lasciano irriconoscibili sul terreno. La stessa imperatrice Beatrice, a Como, aveva già vestito il lutto insieme a molte mogli e madri di quella città così duramente provata.

Incredibilmente un Barbarossa ammaccato con le vesti stracciate riapparve nottetempo qualche giorno dopo davanti le mura della fida Pavia. La sua buona stella, che già in tante altre battaglie l'aveva protetto, anche in questa occasione non volle abbandonarlo, l'imperatore era salvo senza neppure una ferita.

Nessuno seppe in che modo riuscì a salvarsi. Le cronache tedesche, come gli annali di Magdeburgo avanzarono la tesi secondo cui Federico si aprì la strada verso il Ticino combattendo. Questo però è contraddetto dalle cronache italiane e dall'andamento della battaglia. Come andarono le cose non lo sapremo mai, forse si fece passare per morto o forse riuscì a sgattaiolare attraverso i boschi, aiutato dalla sua buona stella. La notizia che l'imperatore era ancora vivo e vegeto portò tra i collegiati una certa apprensione per il futuro della guerra.

▲ Nel disegno, realizzato in Germania nel 1170, sono visibili diverse tipologie di elmi a cupola; alcuni hanno un nasale di protezione, mentre altri ne sono privi. Sulla destra si può notare un cavaliere che indossa uno dei primi elmi con maschera facciale di protezione (Rolandslied des Pfaffen Konrad, 1170, Libreria universitaria di Heidelberg, Cod. Pal. Germ. 112).

Conseguenze

"Abbiamo riportata gloriosa vittoria sui nemici. Ne abbiamo uccisi, annegati, fatti prigionieri un grandissimo numero. Siamo in possesso dello Scudo, dello stendardo, della croce e della lancia dell'imperatore; nelle di lui casse trovammo molto oro ed argento, riportammo tante spoglie che non se ne può dire il valore, ma noi non ce ne appropriamo, anzi le riputiamo in Comune col papa e colle città d'Italia. Nel combattimento fu preso il duca Bertoldo, un nipote dell'imperatrice ed un fratello dell'arcivescovo di Colonia. Degli altri prigionieri è infinito il numero e sono sostenuti in Milano". Con queste parole venne annunciata la vittoria in una lettera di Milano all'alleata Bologna. Malgrado il trionfo nella battaglia di Legnano la Lega non riuscì, o non volle, approfittarne iniziando una campagna contro le terre e le città nemiche. Non andò ad assediare né Pavia né Como, si limitò, invece, ad un atteggiamento attendista. Lo stesso fatto che l'imperatore fosse in vita e che a Pavia poteva ancora radunare le forze di Cristiano di Magonza e dei feudatari piemontesi contribuiva a creare un clima d'incertezza. Una battaglia importante era certo stata vinta ma la guerra poteva ancora continuare, magari ancora più aspra di prima, dopo che i collegiati avevano osato umiliare il loro imperatore, macchiandosi di lesa maestà.

Da parte di Federico la batosta di Legnano dovette essere sufficiente a fargli comprendere come anni di lotta estenuante non erano serviti portare i suoi sudditi a più miti consigli. Si rese conto che la via diplomatica era ancora quella più percorribile per risolvere l'intricata situazione del Regno d'Italia e per far rientrare lo scisma. I suoi consiglieri tedeschi erano ormai contrari ad una prosecuzione delle ostilità e desideravano al più presto una pace.

Questa volta la sua offensiva diplomatica non si rivolse ai vittoriosi comuni lombardi, bensì a papa Alessandro III con il duplice intento di risolvere lo scisma e di staccarlo dall'alleanza con i comuni lombardi.

Alessandro stesso era desideroso di ricomporre uno scisma politico che screditava la chiesa e favoriva la nascita di eresie. Inoltre, l'alleato bizantino, aveva subito una grave sconfitta a Miriocefale contro i turchi lo stesso anno di Legnano, per cui il *basileus* Manuele aveva cose più urgenti che preoccuparsi degli affari italiani.

Dopo i primi contatti informali si giunse all'incontro dei legati imperiali guidati da Cristiano di Magonza ad Anagni, luogo dove il papa si trovava protetto dalle spade normanne. Era l'ottobre del 1176. In un primo momento si cercò di tenere segreti i colloqui ma, presto, qualcosa trapelò e la Lega venne a conoscenza delle trattative. A fatica ottenne che alcuni delegati lombardi fossero ammessi alle riunioni, che ormai stavano portando ad una ricomposizione dello scisma.

Il papa promise di accettare i prelati fedeli all'imperatore, valutando caso per caso le nomine fatte dagli antipapi precedenti, toglieva poi la scomunica al Barbarossa riconoscendolo come sovrano legittimo. In cambio otteneva i beni matildini e la possibilità di essere insediato a Roma al posto di quello che ora era per tutti l'antipapa.

Alessandro fece così carta straccia degli accordi fatti nel 1170 con la Lega, in cui vi era l'impegno di non fare una pace separata. La Lega durante le trattative di Montebello aveva fatto fallire un possibile accordo proprio per rispettare gli impegni presi con il pontefice.

L'aver staccato l'alleanza tra la Lega e il papato fu certo un successo della diplomazia di Federico.

La nuova situazione indebolì infatti la Lega. Cremona e Tortona passarono dalla parte imperiale senza molti rimorsi. Nell'aprile del 1177 il papa incontrò i rappresentanti della Lega a Ferrara, dovendo certo ascoltare le loro rimostranze sull'ambiguità del suo comportamento.

Nell'estate del 1177 a Venezia si intavolarono le trattative ufficiali per la pace. A Chioggia l'imperatore stipulò una tregua di 15 anni con i normanni di Guglielmo II, riconosciuto finalmente re di Sicilia e dell'Italia del sud.

Infine si giunse al fatidico incontro tra papa ed imperatore, anche se, quest'ultimo, aveva rinviato il più possibile il momento umiliante del ritiro della scomunica. Il cancelliere Cristiano riuscì con abilità a convincere il suo signore a questo passo, evitando alcune azioni avventate di Federico che avrebbero potuto compromettere gli accordi.

Finalmente, dopo lunghe trattative, il 23 luglio, tre cardinali liberarono il Barbarossa dalla scomunica e il giorno seguente avvenne l'incontro tra il papa e l'imperatore a Venezia in piazza San Marco sul sagrato della basilica. Il lungo scisma che aveva diviso drammaticamente l'Europa occidentale per così lungo tempo era finito.

Se la pace con il papato era conclusa, le trattative con i rappresentanti della Lega invece languivano. Ora però il Barbarossa era in una posizione di maggior forza rispetto l'anno precedente. Si decise così di stipulare una tregua rinviando la risoluzione dei problemi.

La battaglia di Legnano aprì la strada agli accordi di Venezia contribuendo a rendere più malleabile l'orgoglioso imperatore, risollevando l'Europa da una crisi politica e religiosa che ormai durava da ben 17 anni.

Sistemate le questioni italiane Federico poteva rivolgersi alla Germania e regolare i conti con il cugino Enrico che per il sovrano era stata la causa prima della sconfitta di Legnano. A Worms nel

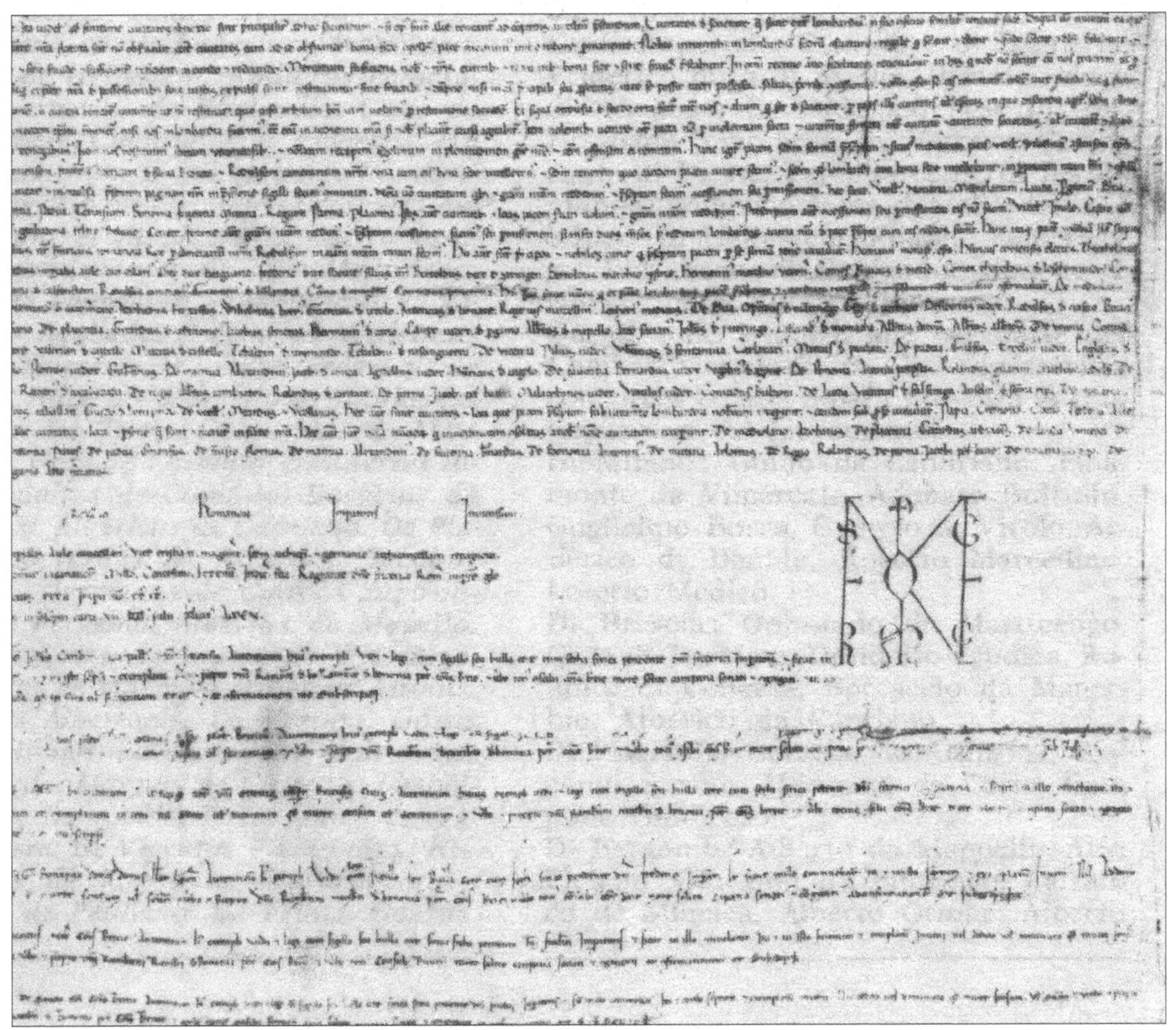

▲ Parte della pergamena della pace di costanza. Si possono osservare le firme dei firmatari dell'accordo e il monogramma dell'imperatore (Codice diplomatico Bresciano formato dall'Odorici, Biblioteca Quiriniana, Brescia).

gennaio del 1179 si tenne una dieta contro Enrico il Leone e, nell'estate del 1180, Federico iniziò la sua campagna militare contro il potente duca di Sassonia, unendosi ai feudatari del Leone stanchi dei suoi continui soprusi. Dopo qualche successo in Turingia, Enrico, venne definitivamente sconfitto e, nel novembre del 1181, si presentò al cospetto dell'imperatore che, umanamente, lo perdonò ma, politicamente, lo costrinse ad abdicare dal suo titolo di duca per andarsene in esilio in Inghilterra. Federico nel suo sforzo di eliminare i ducati tribali smembrò il ducato di Sassonia con la parte occidentale che prese il nome di Westfalia, mentre la regione più orientale mantenne il nome di Sassonia, situazione immutata fino ai giorni nostri. Con l'uscita di scena di Enrico, l'imperatore ora poteva sviluppare maggiormente il sistema piramidale che era alla base del feudalesimo. Nei vari ducati vennero insediati i principi imperiali *"Reichfürsten"* che dipendevano direttamente dall'imperatore. In quel periodo anche la cavalleria stava diventando una istituzione integrata nel sistema feudale, così come già era da tempo in Francia ed Inghilterra.

In Italia la tregua reggeva, anche se non mancavano gli scontenti come i vari feudatari imperiali che si sentivano traditi dagli accordi presi a Venezia, in particolare il marchese del Monferrato che aveva interessi sui beni matildini promessi al papa. Corrado, figlio del marchese, organizzò una lega di città toscane, tra cui Pisa, Pistoia e Lucca, riuscendo anche a catturare Cristiano di Magonza, principale artefice della situazione politica in Italia. Cristiano fu poi rilasciato, continuando la sua politica al servizio dell'impero in Italia, favorendo la presenza dei papi a Roma. Quando papa Alessandro morì nel 1181 i romani ne profanarono la salma e, solo con le armi di Cristiano, il successore al papato,

▲ Così dovevano apparire molti cavalieri tedeschi a cavallo tra il XII e il XIII secolo. I cavalli hanno ormai una protezione imbottita mentre gli elmi colorati e sormontati da stemmi araldici vanno ora a proteggere anche la nuca. Gli scudi si sono ridotti di dimensioni mentre un'ampia sopravveste ricopre l'armatura (Eneide Aeneasroman Veldekes Staatsbibliothek zu Berlin).

Lucio III, riuscì ad essere insediato a Roma. Tali erano i dissidi tra papato e autorità comunali che desideravano una piena autonomia, simile ai comuni dell'Italia settentrionale, ciò portava i pontefici a risiedere spesso in esilio fuori dalla loro città.

Nel 1183 Cristiano morì nella fedele Tuscolo dove fu sepolto. A lui si deve la lungimirante politica federiciana in Italia. Così lo storico tedesco dell'Ottocento, Gregorovius, ne traccia il ritratto: *"Cristiano fu uno dei più grandi principi della sua epoca, ...rivestito da una brillante armatura, cavalcava uno splendido destriero, roteando l'ascia di guerra con la quale mandò in frantumi l'elmo e la testa di molti nemici ...Parlava diverse lingue ...I muli del suo esercito venivano accuditi più lussuosamente dei servi dell'imperatore"*.

Anche il marchese del Monferrato morirà di lì a poco, dopo essersi riappacificato con l'imperatore, durante la crociata contro il saldino nel 1191, all'età di 91 anni dopo una vita non meno avventurosa dei suoi figli.

Nel 1183, Federico, incominciò le trattative per definire definitivamente una pace con i comuni ribelli. I negoziati preliminari a Piacenza portarono poi alla ratifica degli accordi tra comuni e impero nella città di Costanza.

Pace di Costanza

Quella che venne chiamata pace di Costanza, in realtà, era una libera elargizione che l'imperatore faceva ai comuni ribelli. La pace infatti è un accordo tra due Stati sovrani cosa che i comuni della Lega non erano, essendo sudditi dell'impero. Si trattava in definitiva di una costituzione che l'imperatore dava ai comuni lombardi aderenti alla Lega, altri comuni come Cremona e Tortona avevano già concluso accordi per una pace separata nel dicembre del 1176.

Nelle clausole di Costanza l'imperatore elargiva la gran parte dei regalia ai comuni che ora potevano riscuotere le imposte nel rispetto delle consuetudini. Inoltre le elezioni dei magistrati rimaneva appannaggio dei comuni, con l'imperatore che ne convalidava l'elezione in cambio del giuramento di fedeltà all'impero. Federico riconosceva la Lega ed il diritto dei comuni di stringersi in leghe, avvalorandone così l'esercizio di svolgere una politica autonoma, così si legge nell'articolo 17 della costituzione: "Sia lecito alle città di fortificarsi e di erigere fortificazioni fuori di loro, nel loro territorio".

▲ Scultura di cavaliere lombardo datata intorno al 1210. L'elmo presenta una forma irregolare a sbalzo con maschera facciale di protezione ancora simile ai primi esemplari di questo tipo del secolo precedente. L'armatura di cotta di maglia ad anelli non presenta ancora la sopravveste ormai diffusa nel resto d'Europa (Padova chiesa di San Giustino).

▲ Enrico VI di Svevia, 1165 – 1197 (Codice Manesse, da Wikipedia).

I comuni, d'altra parte, s'impegnavano nel mantenere libere le strade e a mantenere gli eserciti e i messi imperiali di passaggio pagando una tassa per il loro mantenimento detta fodro.

L'articolo 29 recitava: *"Quando noi verremo in Lombardia presteranno il fodro regale consueto, coloro che lo debbono e quando lo debbono. Rimetteranno in ordine ponti e strade in buona fede e senza frode…"*.

Nelle trattative vi si stabiliva anche una clausola peggiorativa per i comuni rispetto al passato quando si stabilì che i processi d'appello del valore superiore alle 25 libbre di denari d'argento erano di competenza dell'autorità imperiale, rispetto a prima, quando la cifra per rivolgersi al tribunale dell'impero doveva essere di ben 100 libbre d'argento.

Per quanto riguarda la città ribelle di Alessandria, Federico ne ottenne la totale distruzione, anche se, per questa volta, solo in effige, venendo ribattezzata Cesarea, nome che però non attecchì tra i lombardi che continuarono a chiamarla Alessandria.

Per i lombardi l'accordo fu comunque un successo che sanciva una larga autonomia dei comuni rispetto al tentativo del sovrano d'imporre un potere centrale che stravolgeva le consuetudini ormai consolidate da molti lustri. Cosa ancora più importante era che la crisi con l'impero era stata superata tramite la collegialità dei comuni lombardi che, riuscendo a vincere le ataviche diffidenze, erano riusciti ad unirsi in una alleanza, stabilendo un clima di collaborazione, la tanto sbandierata concordia dei documenti dell'epoca divenne un fatto acquisito tra città che fino a poco prima si erano odiate ferocemente. È da rilevare che nel periodo intercorso tra la nascita del comune di Milano, nella seconda metà del XI secolo, e l'avvento del Barbarossa si contarono ben ventisei guerre scatenate dai bellicosi milanesi. L'istituzione della *Societas Lombardiae* a seguito della sconfitta della egemone città di Milano e dell'oppressione fiscale e politica imperiale, aveva creato i presupposti per una collaborazione pacifica tra le città.

Pur tra diffidenze e incertezze la pace tra i comuni in Lombardia, seguita alla battaglia di Legnano, continuò anche negli anni successivi. I decenni precedenti l'avvento al trono di Federico di Svevia avevano visto una lotta fratricida tra le città lombarde per la supremazia pressoché ininterrotta, dopo l'esperienza della Lega questo periodo di guerre feroci era terminato e una nuova consapevolezza di appartenenza era ormai un fatto compiuto. Le città lombarde erano riuscite ad ottenere un'effettiva autonomia pur restando sudditi fedeli dell'impero.

I decenni seguiti alla pace di Costanza furono così un periodo di relativa pace nel regno italico. La supremazia di Milano nella pianura Padana era ormai un fatto consolidato e accettato dalle altre città. Lo stesso imperatore riconosceva l'importanza della città di Ambrogio. Più volte si recherà in visita nella città di Milano, dove venne sempre accolto festosamente dai sudditi, snobbando anche Cremona, della cui fedeltà non era più così tanto sicuro. Lo stesso matrimonio tra il figlio di Federico, il futuro Enrico VI, e la principessa normanna Costanza d'Altavilla, figlia di Ruggero II, venne celebrato a Milano dal patriarca d'Aquileia, attestandone l'importanza sugli altri comuni lombardi.

Se in Germania la politica di Federico riuscì ad imporre un feudalesimo più completo, in Italia non riuscì a sviluppare un potere centrale, tipico delle monarchie che si imporranno nel secolo successivo nelle regioni occidentali d'Europa, come l'Inghilterra e, soprattutto, la Francia, dove si riuscì ad instaurare una monarchia assoluta. In Germania e in Italia il potere del sovrano non fu mai assoluto e, mentre le monarchie occidentali si rafforzavano, in questi Stati, il potere imperiale decadde a causa dei particolarismi dei potentati locali, in Germania i grandi principi elettori e in Italia le signorie di città sempre più potenti. A ciò contribuirono lunghi periodi di anarchia e di guerre tra guelfi e ghibellini che nel secolo XIII flagellarono le terre dell'impero.

Solo il nipote del Barbarossa, l'imperatore Federico II, riuscì a sviluppare un potere di tipo assolutistico nel Regno di Sicilia, anche se solo per il periodo del suo principato. La corona di quello che una volta era il regno Normanno passò infatti agli Hohenstaufen quando il re normanno Guglielmo II morì senza eredi, lasciando la corona nelle mani di Enrico VI re d'Italia e successore di Federico di Svevia. Enrico VI riuscì a sottomettere, in maniera brutale, il Regno di Sicilia, dopo una lunga guerra contro Tancredi di Sicilia e dopo aver represso nel sangue alcune violente rivolte, tanto da essere soprannominato il Crudele e, dai siciliani, venne chiamato il Ciclope. In quel momento i Normanni e i Guelfi del sud non riuscirono a resistere alle armate imperiali supportate dalle flotte genovesi e pisane congiunte, inoltre, l'ambiente cosmopolita e di tolleranza verso le varie etnie che componevano il Regno di Sicilia ma che creavano una certa frammentazione sociale, contribuirono non poco ad un crollo quasi repentino di un regno il cui potente esercito normanno aveva esercitato una forte supremazia in Italia centro meridionale e lungo le coste del Mediterraneo per oltre un secolo. Enrico VI morì troppo prematuramente per giovarsi dei frutti della conquista. Il figlio di Enrico, Federico II, a sua volta eletto imperatore, riuscì ad ottenere anche il Regno di Sicilia, malgrado la forte opposizione del papato, imprimendo una politica accentratrice in quel regno a scapito di un maggior disinteresse nei confronti del Regno di Germania e, in una certa misura, anche di quello d'Italia dove era in perenne lotta con la fazione guelfa.

Il dominio svevo sulla parte meridionale della penisola italica fu comunque sempre contrastato dai papi e dalla fazione guelfa, tanto che, alla morte di Federico II, il Regno di Sicilia passò ai francesi angioini.

Il matrimonio tra Enrico VI e Costanza d'Altavilla nel 1186 a Milano fu certo uno dei successi diplomatici della politica di Federico I che, grazie ad una buona dose di fortuna, pose con la diplomazia le premesse per la successiva conquista del regno normanno, realizzando quello che non era riuscito a fare con la guerra alcuni decenni prima.

In definitiva, dopo la pace di Costanza, la posizione del Barbarossa si era consolidata all'interno dell'impero, ottenendo anche ampi riconoscimenti formali presso gli altri regni europei. Malgrado l'impossibilità di sviluppare una politica più centralista, applicata soprattutto al Regno d'Italia, Federico aveva posto le basi perché i suoi successori potessero realizzare il suo sogno imperiale.

▲ Re Tancredi e il suo seguito. I cavalieri normanni continueranno ad utilizzare il tipico elmo conico anche nel periodo successivo di Enrico VI. Solo più tardi adotteranno elmi con visiera (Liber ad honorem Augusti sive de rebus Siculis da Petrus de Ebulo, 1196, Codex 120II, Burgerbibliothek Berna).

▲ Processione trionfale per il matrimonio di Costanza d'Altavilla. I cavalieri normanni portano il caratteristico elmo conico (*Liber ad honorem Augusti sive de rebus Siculis da Petrus de Ebulo*, 1196, Codex 120II, Burgerbibliothek Berna).

▲ Dipinto del 1851 di Carlo Arienti, raffigurante un episodio del 1175, la cacciata dell'imperatore Barbarossa da Alessandria.

▲ Incoronazione dell'imperatore Enrico VI. dal papa Celestino III (*Liber ad honorem Augusti sive de rebus Siculis Folio* 150r da Petrus de Ebulo, 1196, Codex 120II, Burgerbibliothek Berna).

MAPPE DELLE BATTAGLIE

DESCRIZIONE DELLA BATTAGLIA DI CARCANO

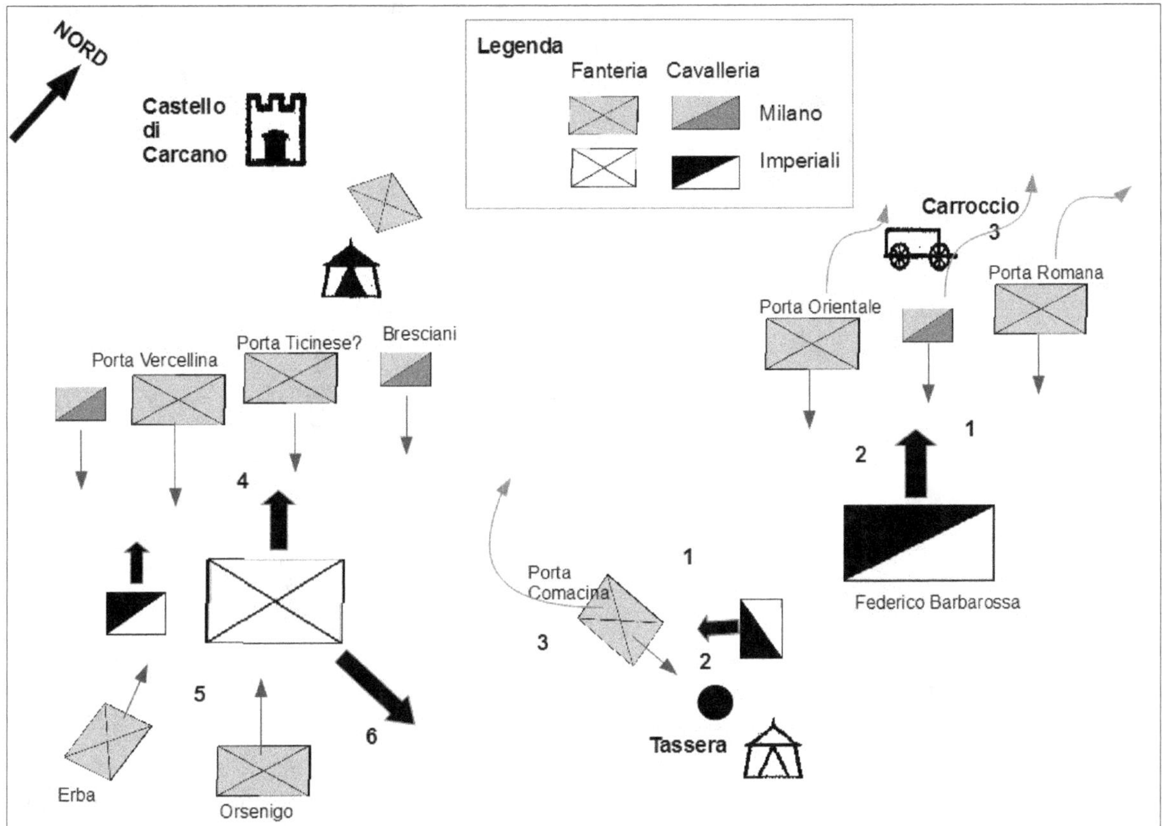

Mappa 1

Fasi della battaglia:

1) I fanti della Porta Comacina attaccano il campo degli imperiali posto a Tassera, seguiti dalle altre due porte dell'ala sinistra milanese.

2) La cavalleria imperiale guidata dal Barbarossa carica l'ala sinistra nemica, mentre un distaccamento di cavalleria caccia dall'accampamento imperiale i fanti della Porta Comacina che nel frattempo si erano dati al saccheggio.

3) I fanti di Porta Comacina si ritirano mantenendo la coesione tra i ranghi. Nel frattempo Federico e i suoi cavalieri respingono e annientano le forze milanesi dell'ala sinistra. Lo stesso Federico distrugge il Carroccio insieme ai suoi soldati.

4) L'ala destra milanese attacca la fanteria imperiale in avanzata.

5) La fanteria imperiale viene circondata dalle milizie provenienti da Erba e da Orsenigo.

6) La fanteria imperiale viene annientata e solo pochi riescono a mettersi in salvo verso sud.

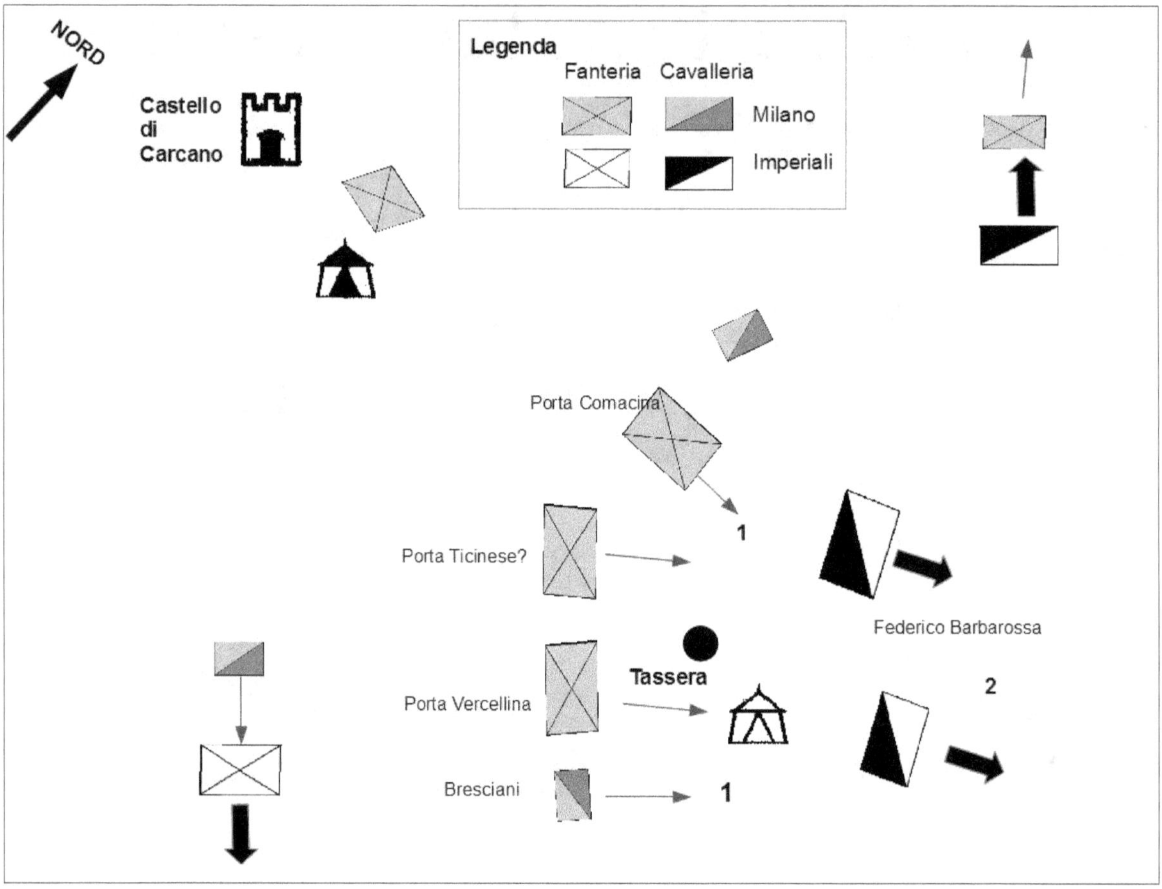
NORD
Castello di Carcano
Legenda
Fanteria
Cavalleria
Milano
Imperiali
Porta Comacina
1
Porta Ticinese?
Federico Barbarossa
Tassera
2
Porta Vercellina
Bresciani
1

Mappa 2

1) I milanesi con i loro alleati dell'ala destra si rivolgono contro l'ala sinistra imperiale, in quel momento disorganizzata e impegnata nell'inseguimento dei resti dell'ala sinistra milanese sconfitti in precedenza.

2) Federico e i suoi cavalieri colti di sorpresa si danno alla fuga.

Carcano oggi
Legenda
San Dionigi
Castello di Carcano
Tassera
Lago di Alserio

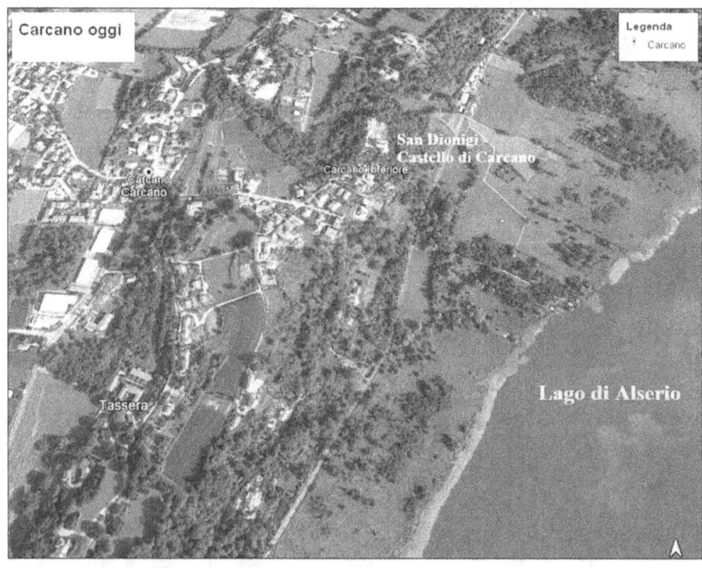

DESCRIZIONE DELLA BATTAGLIA DI LEGNANO

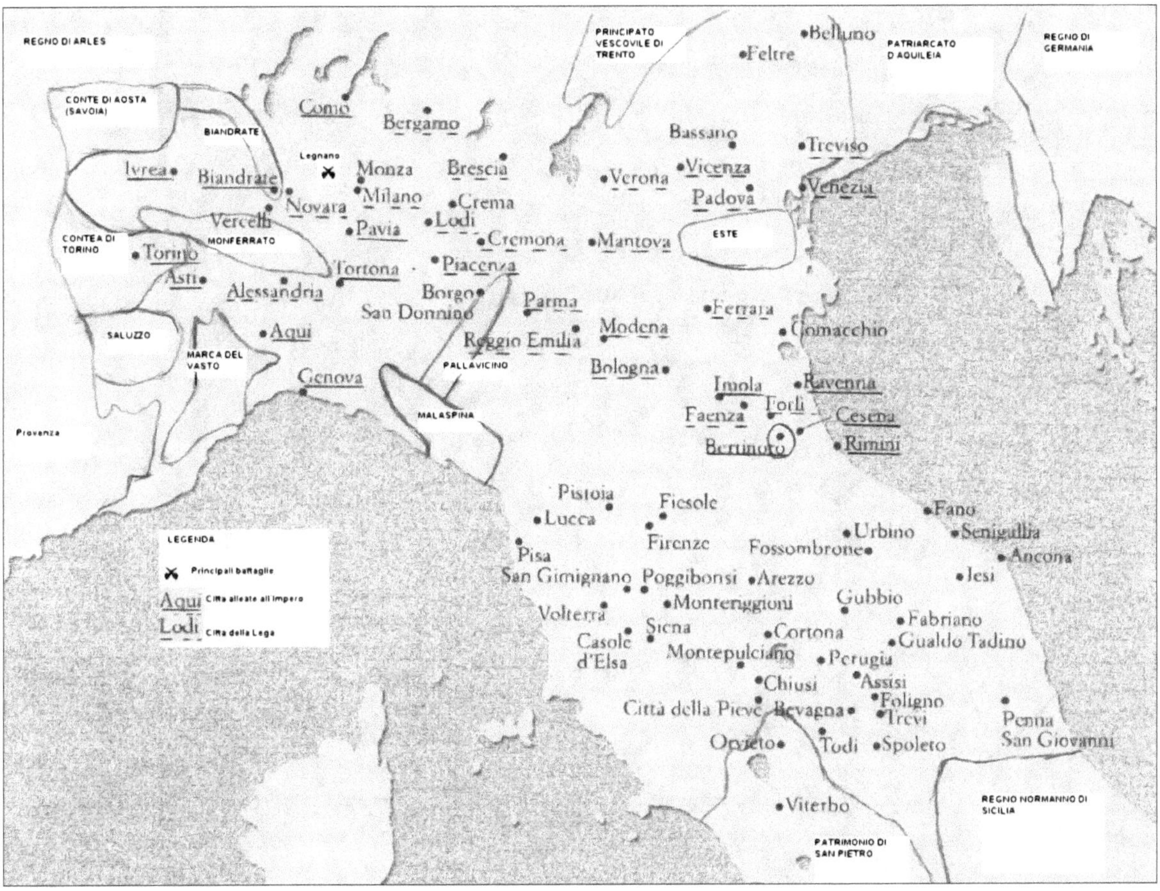

Mappa generale:

Nella mappa viene indicata la condizione del regno d'Italia durante la quinta discesa del Barbarossa nel 1174. Nella carta sono evidenziati i confini delle terre dei principali feudatari e quelli del regno d'Italia.

Durante la campagna che porterà alla battaglia di Legnano i feudatari rimasero fedeli a Federico I così come la maggior parte dei comuni del Piemonte. I comuni dell'Italia centrale e il territorio del Patrimonio di San Pietro rimasero assoggettati all'impero grazie all'azione energica di Cristiano di Magonza.

Mappa Legnano:

Federico e il suo esercito dopo aver passato la notte accampati a Cairate si muovono verso sud in direzione di Pavia. Da Milano, seguendo il tracciato dell'antica strada carraia, l'esercito della Lega Lombarda si muove a ranghi frazionati verso ovest, nella speranza di tagliare la strada all'imperatore. L'incontro tra i due eserciti avviene in modo casuale poco a occidente di Legnano la mattina del 26 maggio 1176.

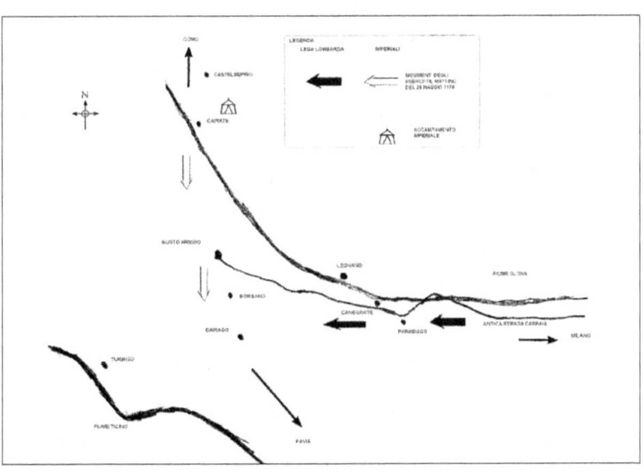

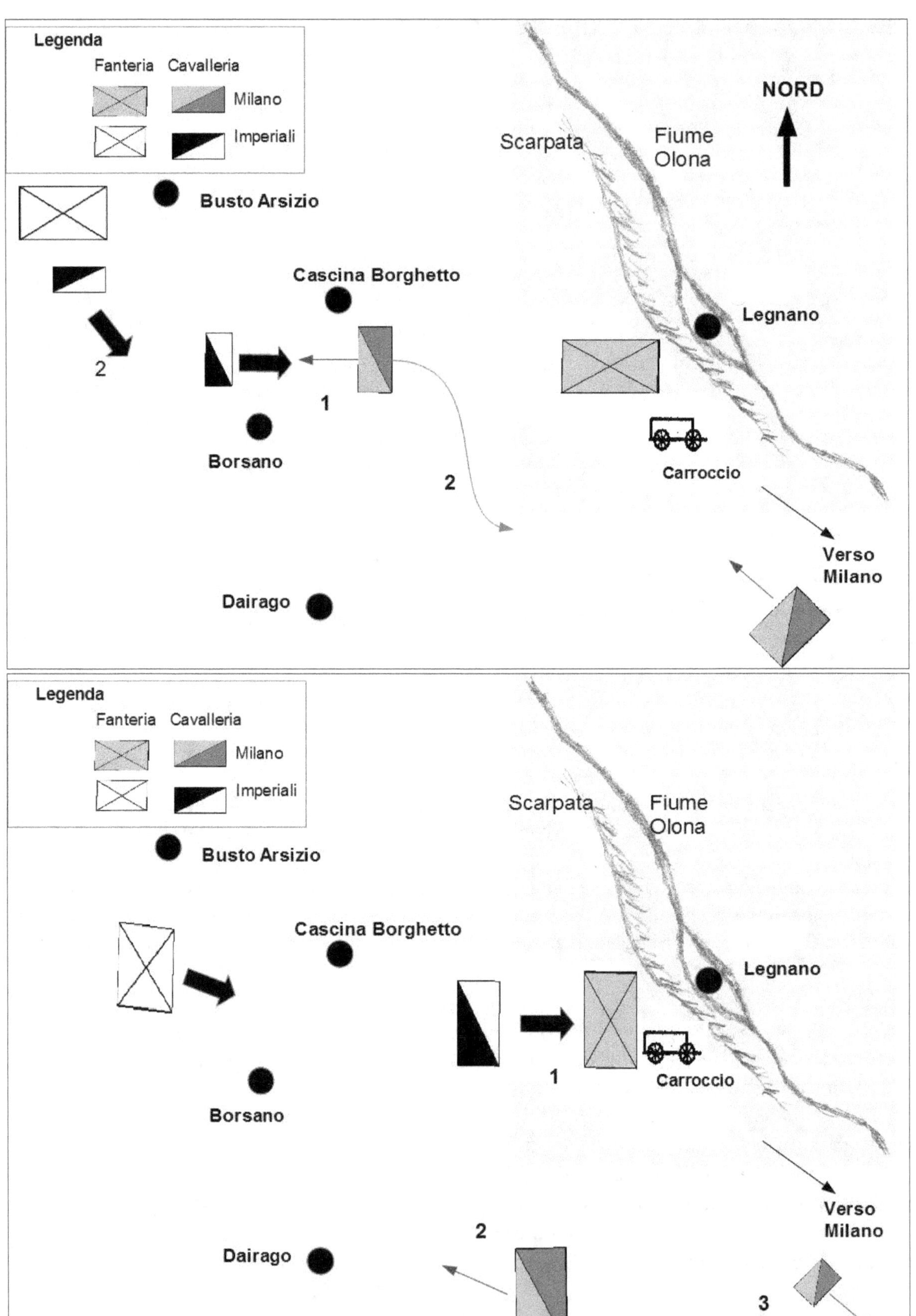

Legenda
Fanteria Cavalleria
Milano
Imperiali
Busto Arsizio
NORD
Scarpata
Fiume Olona
Cascina Borghetto
Legnano
2
1
Borsano
Carroccio
2
Verso Milano
Dairago
Legenda
Fanteria Cavalleria
Milano
Imperiali
Busto Arsizio
Scarpata
Fiume Olona
Cascina Borghetto
Legnano
1
Carroccio
Borsano
Verso Milano
2
Dairago
3

Fase 1 (pag.110 in alto)

1) L'avanguardia dell'esercito della lega, composta da 700 cavalieri di Brescia e di Milano, partono alla carica di 300 cavalieri dell'avanguardia imperiale. Ne scaturisce una mischia selvaggia tra Borsano e Dairago, dove i collegiati sono messi in difficoltà dall'avversario.
2) L'arrivo di Federico Barbarossa con il resto dell'esercito costringe l'avanguardia della Lega a ritirarsi precipitosamente, alcuni verso Milano altri in direzione del Carroccio.
3) I fanti della Lega si apprestano alla difesa mentre i reparti della cavalleria leghista giungono lentamente da Milano.

Fase 2 (pag.110 in basso)

1) Federico Barbarossa al comando della cavalleria imperiale al completo si lancia in una serie di assalti contro il Carroccio e la fanteria avversaria schierata in difesa.
2) Mentre gli imperiali sono occupati contro la fanteria, la cavalleria della Lega si ricompatta a meno di un chilometro dal Carroccio. Da quel punto la cavalleria si porterà in una posizione favorevole per attaccare il nemico alle spalle.
3) Parte della cavalleria milanese sconfitta dall'avanguardia tedesca fugge verso la sicurezza tra le mura della vicina Milano.

Fase 3 (qui sotto)

1) La cavalleria della Lega carica la cavalleria imperiale che a sua volta cerca una via d'uscita verso il Ticino.
2) La fanteria imperiale viene attaccata e facilmente sbaragliata dalle cavallerie lombarde.

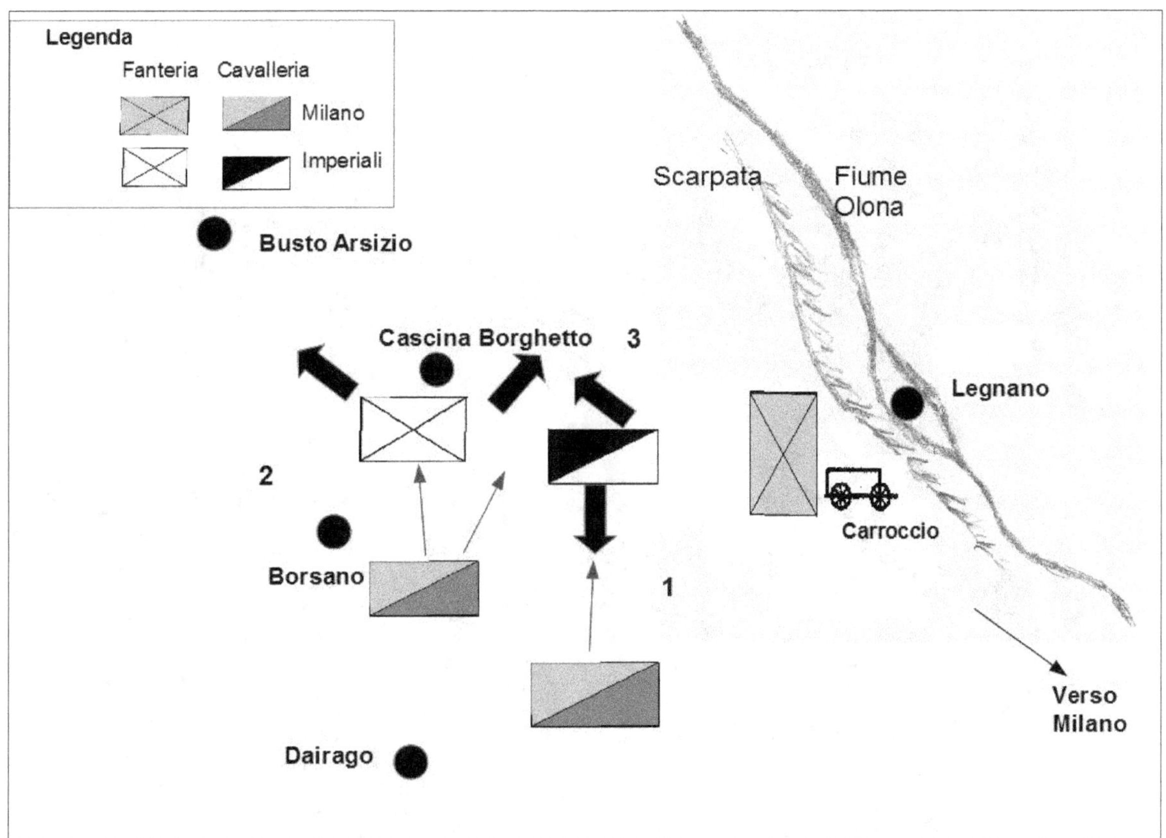

Città	1167 marzo	1167 maggio	1167 dicembre	1168 marzo	1168 maggio	1168 dicembre	1170
Milano	x						
Cremona	x						
Bergamo	x						
Brescia	x						
Novara			x				
Asti					x		
Alessandria					x		
Tortona					x		
Como				x			
Vercelli					x		
Lodi		x					
Pavia							x
Mantova	x						
Verona			x				
Vicenza			x				
Padova			x				
Treviso			x				
Venezia			x				
Piacenza		x					
Parma			x				
Reggio Emilia						x	
Modena						x	
Ferrara			x				
Bologna				x			

Data d'ingresso delle principali città del regno d'Italia nella Lega Lombarda

▲ I soldati della battaglia di Legnano dal Corrierino dei piccoli anni 60. Collezione Luca Cristini

CONCLUSIONI

Oggi, al posto del castello di Carcano, si trova la chiesa romanica di san Dionigi con l'annesso oratorio situato nell'omonima frazione del comune d'Albavilla. Del castello si perdono le tracce già all'epoca del Barbarossa. Probabilmente espugnato e distrutto dai milanesi durante l'ultima fase della guerra tra la Lega e l'impero, nel corso degli anni '70 del XII secolo. Il castello non verrà mai più ricostruito.

Carcano, insieme a Legnano, furono le due più grandi sconfitte del Barbarossa in campo aperto. Ma, se Legnano fu una vittoria decisiva, quella di Carcano fu solo un episodio fortunato che non impedì la sconfitta e la successiva distruzione di Milano.

Vi è da osservare che la guerra del 1159-1162 cominciava in una situazione estremamente sfavorevole a Milano. Poche le città che la seguirono nella lotta contro le decisioni prese a Roncaglia, al contrario furono molte le città lombarde che ne desideravano la rovina.

La guerra fu iniziata in condizioni di svantaggio per Milano, senza una adeguata preparazione diplomatica presso altre città, che pur cominciavano a soffrire della politica accentratrice del sovrano svevo. L'attacco di sorpresa al castello di Trezzo non fu sufficiente a prevenire la pronta risposta delle truppe imperiali e dell'imperatore, ancora presente in Italia. Le prime azioni milanesi furono anzi pesantemente frustrate, malgrado il fattore sorpresa iniziale favorevole alle truppe di Milano e dei loro alleati.

Ci si può chiedere se, all'inizio della guerra, i milanesi e i loro alleati avessero concentrato le loro forze su un'unica città o Lodi o Cremona, invece di attaccarle separatamente, venendo così respinti

▲ Costanza di Altavilla consegna il neonato Federico, futuro imperatore, alla duchessa di Spoleto. I guerrieri sulla destra hanno scudi con semplici motivi araldici (Liber ad honorem Augusti sive de rebus Siculis da Petrus de Ebulo, 1196, Codex 120II, Burgerbibliothek di Berna).

in entrambi i casi. Forse avrebbero occupato prima una e poi l'altra città avversaria prima che Federico potesse contare sui rinforzi provenienti da oltralpe.

Queste prime sconfitte sconsigliarono i milanesi dall'intraprendere altre azioni offensive, lasciando l'iniziativa al campo imperiale. Mai i milanesi pensarono di soccorrere Crema assediata. Troppo numeroso era l'esercito imperiale che bloccava la piccola cittadina. Milano mantenne così un atteggiamento passivo, nell'attesa di condizioni più favorevoli.

Condizioni che si ebbero a Carcano. Lì i milanesi furono costretti ad una importante battaglia campale che sarebbe potuta diventare decisiva per le sorti del conflitto.

Soprattutto una vittoria imperiale avrebbe messo fine al conflitto. In effetti Federico fu ad un passo dalla vittoria, se, dopo la vittoria della sua ala destra e la distruzione del Carroccio, egli avesse mantenuto coesa la sua cavalleria, impedendogli di disperdersi, e, con essa, si fosse lanciato in soccorso della sua ala sinistra, avrebbe sorpreso al fianco i milanesi impegnati contro l'altra ala, facendoli a pezzi. Ancora meglio sarebbe stato se i nobili asserragliati a Carcano fossero usciti attaccando i nemici alle spalle.

Una vittoria imperiale avrebbe portato all'annientamento dell'esercito milanese e quindi alla pace. Pace le cui condizioni non sarebbero state dure come poi lo furono dopo l'assedio del 1162, la cui volontà distruttrice di Milano venne dettata soprattutto dai comuni di Lodi, Cremona e Como. Anche se sconfitta, il mantenimento della città di Milano, avrebbe continuato ad esercitare, comunque, la propria minaccia sui comuni vicini, impedendone eventuali accordi o alleanze. In queste condizioni la Lega non si sarebbe mai formata e, Federico, applicando i principi del dividi ed impera, avrebbe potuto portare avanti la sua riforma accentratrice dei poteri effettivi sul territorio e della riscossione delle tasse.

Anche Milano fu ad un passo dal mettere fine alla guerra con la cattura o l'uccisione del Barbarossa, che, solo per un soffio, non avvenne. La mancata conquista del castello di Carcano vanificò, in parte, l'insperata vittoria campale del 9 agosto. Ci si può comunque chiedere quali vantaggi avrebbe comunque offerto l'occupazione del castello quando Federico aspettava ingenti rinforzi dalla Germania che avrebbero, in ogni caso, reso disperata la situazione per Milano.

Ad ogni modo, Carcano, mise in evidenza la possibilità di poter sconfiggere le truppe imperiali e Federico anche in condizioni critiche. Lezione che, in seguito, tornerà utile nella successiva guerra con la Lega Lombarda, che porterà alla definitiva vittoria di Legnano.

I milanesi non cercarono mai uno scontro in campo aperto. Anche dopo, quando la Lega Lombarda aveva raggiunto la sua massima forza militare, gli eserciti comunali erano restii ad accettare uno scontro risolutore, così come accadde davanti ad Alessandria quando l'esercito della Lega lasciò il nemico sfilarsi dall'assedio senza contrastarlo in maniera decisa. Anche a Legnano lo scontro decisivo fu dovuto più all'azione decisa del Barbarossa più che all'atteggiamento difensivo della Lega. Forse, la reverenza nei confronti di quello che era sempre il loro signore, mai rinnegato dai lombardi, suggerì sempre un atteggiamento prudente.

Pur nella sconfitta Federico si distinse nella battaglia combattendo in prima linea ma non è da sottovalutare la sua abilità nel prendere in trappola i milanesi sotto Carcano. Degna di nota fu la velocità con cui radunò e mosse le sue truppe, inoltre, lo stratagemma degli alberi tagliati sulle strade, per bloccare i rifornimenti dei milanesi, denota una preparazione militare dello Svevo, in particolar modo la conoscenza del trattato militare dello scrittore latino Vegezio, di cui ne seguiva i consigli, come dimostra l'espediente degli alberi tagliati.

Successivamente a Carcano i milanesi non riuscirono a sfruttare la momentanea debolezza della compagine imperiale. La vicinanza tra città rendeva difficoltoso concentrare le forze contro una città nemica senza lasciare sguarnita la propria città da un attacco nemico o, più spesso, mettere a

▲ Enrico VI figlio del Barbarossa ed erede del regno normanno, oltre che dell'impero (*Liber ad honorem Augusti sive de rebus Siculis da Petrus de Ebulo*, 1196, Codex 120II, Burgerbibliothek Berna).

rischio il proprio contado da devastazioni e saccheggi, con la conseguente perdita del raccolto.

La vittoria milanese di Carcano fu comunque tardiva, se l'azione offensiva si fosse verificata in modo deciso quando il Barbarossa era impegnato nell'assedio di Crema, questa poteva portare le armate imperiali a togliere l'assedio alla città, pregiudicando l'andamento della guerra.

Dopo la vittoria di Carcano, Milano, fu inevitabilmente sconfitta. Fu però il coraggioso sacrificio di Milano che permetterà alle città lombarde, ormai sicure dalla minaccia milanese, di trovare il coraggio di unirsi in lega per affrontare, non tanto l'imperatore, quanto le decisioni prese a Roncaglia sulle libertà politiche ed amministrative acquisite dai comuni.

Le libertà comunali, per cui esse si batterono, era in realtà la richiesta della conferma dei privilegi o delle varie franchigie che, con il tempo, i comuni avevano acquistato per via della cronica debolezza delle istituzioni imperiali ed ecclesiastici del periodo precedente.

Federico fu il primo a voler governare davvero l'Italia, al contrario dei suoi predecessori che si accontentavano di riscuotere i tributi al momento della loro discesa nella Penisola. In quel momento l'impero aveva trovato la forza per cercare di accentrare i poteri nell'istituto monarchico, come accadrà alcuni secoli dopo in Francia. Federico non potendo imporsi sui suoi feudatari in Germania e in Italia cercherà di farlo a spese di una realtà nuova di cui non si aveva sufficiente esperienza come quella dei comuni lombardi.

Federico non si rese conto che, dopo il lungo periodo in cui l'impero non aveva esercitato il suo potere, i comuni avevano sviluppato una nuova struttura politica di cui nessun imperatore ne aveva consapevolezza.

La quinta discesa in Italia del Barbarossa nel 1174 fu certo quella più importante fatta dall'imperatore. I risultati della guerra che portò alla battaglia di Legnano furono piene di conseguenze per la successiva storia dell'impero e del Regno d'Italia.

▲ Cavalieri della fine del XII secolo. Sono ancora raffigurati con i caratteristici grandi scudi ad aquilone che tra pochi anni saranno accantonati per più piccoli scudi triangolari. L'uso della sopraveste incominciò a diffondersi alla fine del secolo anche nelle terre dell'impero (Zeichnung nach dem Speculum Virginum, Jungfrauenspiegel, Kestner Museum, Hannover, fine del XII secolo).

I lombardi si aspettavano il ritorno del loro imperatore dopo la sua precipitosa ritirata da Pavia nel 1168, per questo realizzarono un esca che prese forma nella città d'Alessandria. Costruita in una località strategica in maniera abusiva e battezzata con il nome del nemico giurato di Federico, la città sarebbe stato un richiamo irresistibile per l'imperatore che, sulle questioni di principio, non transigeva. I collegiati non si sbagliavano, tanto che la prima mossa del Barbarossa, una volta tornato in Italia, fu proprio quella di assediare Alessandria. La città fu realizzata e sfruttata dalla Lega come una grande trappola che aveva lo scopo di logorare le forze nemiche, mentre i comuni si preparavano per affrontare con più tranquillità il Barbarossa. L'eventuale perdita di Alessandria poi non sarebbe stata una grave sconfitta, poiché lasciava intatti i principali comuni della Lega che avrebbero continuato la guerra. Anzi, la distruzione della città con il nome del papa, avrebbe potuto essere sfruttata dal punto di vista propagandistico e rafforzare l'alleanza tra il pontefice e i collegiati. Alla fine le cose andarono proprio come i comuni lombardi si aspettavano quando, dopo mesi di assedio, un esercito di soccorso della Lega costrinse i resti dell'armata imperiale a ritirarsi in condizioni difficili. La battaglia decisiva avrebbe anche potuto combattersi durante la marcia di Federico da Alessandria a Pavia, anticipando l'esito di Legnano di un anno. Solo valutazioni politiche dei comuni lombardi impedirono ogni scontro preferendo risolvere la guerra con trattative diplomatiche. Trattative che falliranno per l'intransigenza delle due parti sulla questione relativa allo scisma.

La risoluzione della guerra venne così rinviata alla decisiva battaglia di Legnano.

All'indomani di questa battaglia sorsero diversi miti e leggende, soprattutto da parte di storici e cronisti di parte italiana. Dal punto di vista della condotta militare della battaglia non pochi storici, anche fino a tempi recenti, valutarono lo scontro come la rinascita della fanteria nel medioevo, fanteria che, per la prima volta dalla fine dell'impero romano, riusciva a fermare e poi sconfiggere

▲ Visione romantica della battaglia di Legnano con al centro Alberto da Giussano così come veniva immaginato dalla pubblicistica risorgimentale (La battaglia di Legnano di Amos Cassoli).

la cavalleria pesante nemica.

In realtà il primo ad avanzare una tale valutazione fu il cronista contemporaneo Romualdo di Salerno, religioso settantenne che parteciperà ai colloqui di Venezia del 1177 come plenipotenziario di Guglielmo di Sicilia e che tratterà la tregua con l'impero. Così il cronista descrive la battaglia mettendo in evidenza il valore della fanteria: *"Usciti all'improvviso da un bosco, contro tutte le aspettative dell'imperatore, che aveva già predisposto l'esercito per il combattimento, incominciarono a scontrarsi con lui. Poiché però il numero dei Lombardi radunatisi era esiguo, al primo attacco furono messi in fuga dall'avversario. I fanti milanesi con pochi militi che stavano vicino al Carroccio, impossibilitati a fuggire, incominciarono a serrarsi tutti insieme. L'imperatore allora, vedendo che i militi lombardi si erano dati alla fuga e che erano rimasti solo dei fanti, sia pure in buon numero, credette di poterli facilmente superare. Mentre egli, radunata la sua milizia, si accingeva ad assalirli, quelli, coperti dagli scudi e protese le lance, incominciarono a resistere al suo attacco ed respingere animosamente coloro che avanzavano. Poiché questa lotta tra l'imperatore e la fanteria dei Lombardi si protraeva nel tempo, i Lombardi che erano fuggiti, recuperate le forze, associatisi ad altri che nel frattempo erano sopraggiunti, ritornarono coraggiosamente a combattere e, assalito coi loro fanti l'esercito dell'imperatore, li misero in fuga fino al vicino fiume, molti di loro ne uccisero a fil di spada, altri numerosi li annegarono nel fiume. Quindi ritornati all'accampamento s'impadronirono di numeroso bottino dell'imperatore e del suo esercito. Così ottenuta una tanto importante vittoria, si accamparono in prossimità di Pavia"*.

Il racconto del cronista salernitano mirava a esaltare la fazione della Lega, non facendo menzione dell'inferiorità numerica della cavalleria di Federico. Per quanto concerne lo schieramento della fanteria alcuni storici proposero una formazione simile allo *schiltron*, formazione statica della fanteria scozzese che, utilizzando lunghe picche, avrebbe ottenuto diversi successi contro la cavalleria pesante inglese a cavallo del XIII secolo e del XIV secolo. Alcuni proposero per le fanterie di Legnano addirittura una formazione a falange.

In realtà le formazioni di fanteria dell'epoca comunale non avevano né un addestramento né un equipaggiamento tale da metterle in condizione di resistere in modo serio ad una carica di cavalleria. Nelle fanterie militavano i *pedites*, gli strati meno abbienti della società comunale, con poche risorse economiche per procurarsi un equipaggiamento appropriato. Inoltre, il loro addestramento, era in larga parte trascurato dai comuni, così come sottostimato era l'impiego in battaglia della fanteria.

Nelle battaglie dei decenni precedenti e in quelli successivi a Legnano, il ruolo della fanteria era ancora marginale. Alla battaglia di Carcano le rispettive fanterie dei due eserciti coinvolti non riuscirono a attuare un'effettiva resistenza contro le cavallerie nemiche, così come a Legnano la fanteria imperiale si dissolse al primo impatto contro la cavalleria della Lega.

Se la fanteria comunale a Legnano sostenne una strenua difesa contro la cavalleria imperiale lo si deve anche per la particolare posizione del terreno che non permetteva ai fanti nessuna fuga, costringendo i *pedites* a serrare i ranghi dietro i loro grandi scudi di fanteria e affrontare le cariche delle cavallerie, anch'esse schierate in formazione chiusa, con i cavalieri che avanzavano stretti ginocchio contro ginocchio.

In ogni caso, i fanti serrati nel loro schieramento, continueranno a combattere individualmente, come singoli guerrieri, piuttosto che agire come parte di una unità organica in cui il singolo agiva in funzione dei soldati al suo fianco.

La conferma della scarsa efficacia anche della fanteria a protezione del Carroccio viene fornita dai cronisti dell'epoca, secondo cui le linee di difesa vennero smantellate ad una ad una dalla cavalleria guidata dal Barbarossa, senza che quest'ultima ne avesse a soffrire molto in termini di perdite, almeno tra i cavalieri, mentre maggiori dovevano essere i danni per le costose montature rappresentati dai destrieri, all'epoca non protetti da armature o rivestimenti in stoffa come sarà alcuni decenni dopo.

Solo il tempestivo arrivo della cavalleria della Lega impedì l'annientamento dell'ultima compagine a difesa del Carroccio. Nell'ultima fase della battaglia la fanteria che aveva resistito agli assalti della cavalleria nemica esce completamente di scena e lo scontro torna ad essere quello tra cavallerie, confermando la natura statica e difensiva della fanteria dell'epoca.

Nel diminuire l'efficacia della fanteria fu anche lo scarso utilizzo delle armi da getto, del tutto assenti nei resoconti dell'epoca sulla battaglia. La balestra, arma relativamente recente, non fu utilizzata dai contendenti, mentre arcieri e frombolieri, non sembra fornissero un contributo importante durante lo scontro, le fanterie imperiali non ebbero neppure il tempo di utilizzare queste armi, mentre i fanti dei comuni lombardi pare che riposero tutte le loro speranza nel serrare le file in una formazione chiusa fidando nel corpo a corpo. Sia i tedeschi che i lombardi condividevano un antico disprezzo per le armi da lancio, risalente alla atavica concezione del modo occidentale di intendere la guerra basato sul corpo a corpo a ranghi serrati, per cui, entrambi i contendenti, tendevano a sottovalutare l'uso di queste armi, soprattutto sul campo di battaglia.

Bisogna comunque dire che la strenua difesa della fanteria della Lega e il suo sacrificio permise alla cavalleria di riorganizzarsi e di cogliere di sorpresa l'esercito imperiale.

In effetti, la cavalleria della Lega, si riorganizzò a meno di un chilometro dal luogo dove i loro fanti difendevano strenuamente il Carroccio. Si attese con pazienza che tutta la cavalleria, proveniente dalla vicina Milano, si riunisse, raccogliendo anche gli sbandati ed i superstiti dello sfortunato scontro che si era svolto quella mattina. Una volta radunata, la cavalleria dei collegiati, non caricò direttamente il nemico ma preferì fare una lunga conversione per prendere le forze imperiali alle spalle o, quanto meno su un fianco. Questa decisione si basava sulla capacità di resistenza della fanteria e del Carroccio, posta in una posizione senza via d'uscita. Non è, però, neppure da escludere che si sia scelto di sacrificare le fanterie per dare il tempo alla cavalleria di posizionarsi in una punto favorevole da dove lanciarsi alla carica, ma anche di raggruppare il maggior numero di cavalieri.

Alla fine, la cavalleria della Lega, riuscì a lanciare la sua carica prima che la sua fanteria cedesse di fronte al nemico. A quel punto il combattimento dalle sponde dell'Olona tornò a spostarsi verso il

▲ Federico Barbarossa e il duca Enrico il leone a Chiavenna, Tela di Filippo Carcano. Milano pinacoteca di Brera.

borgo di Borsano, ritornando ad essere una questione tra cavallerie, con gli imperiali che, trovatisi circondati, tentavano disperatamente di raggiungere il Ticino. Il numero dei collegiati e la stanchezza degli imperiali resero scontato l'esito finale della mischia.

Nei secoli successivi la vittoria venne esaltata con un crescendo di leggende e valori fondanti, per la prima volta tutte le classi sociali dei comuni si erano unite riuscendo ad imporre con le armi all'impero le loro aspirazioni politiche. Il significato della vittoria sarebbe mutato nel tempo in relazione al variare delle condizioni storiche, crescendo d'importanza con l'avvento del risorgimento e dei nazionalismi, in modo analogo a quello che i tedeschi, nel tardo 1800, ebbero con la battaglia di Teutoburgo, che vide per la prima volta l'affermarsi delle tribù germaniche nei confronti dell'Impero Romano nel I secolo dopo Cristo.

In definitiva la battaglia di Legnano fu un tipico scontro della sua epoca con la cavalleria pesante che iniziò e concluse la battaglia, intervallato da un lungo ed usurante scontro tra cavalleria e fanteria, comunque non risolutivo. A Legnano si può dire che abilità tattica e numero vinsero sul coraggio sconsiderato e esperienza in battaglia.

Nel 1183, anno della pace di Costanza, l'imperatore dovette concedere una investitura di regalie ai consoli delle città, delegava così le prerogative del potere imperiali alle magistrature cittadine.

Le regalie concesse, già frazionate ai feudatari grandi e piccoli e al potere ecclesiastico, andarono ancor più riducendo il potere, che mai era stato assoluto, dell'imperatore e nei secoli a venire indeboliranno sempre più l'impero, soprattutto se paragonato con il potere dei nuovi stati nazionali, come Francia, Spagna ed Inghilterra, che emergeranno nel corso del XIII secolo.

In definitiva, Costanza, sancirà definitivamente il riconoscimento politico, amministrativo, economico e sociale dei liberi comuni. Successivamente i comuni lombardi verranno coinvolti nelle guerre politiche tra guelfi e ghibellini ma la loro consapevolezza nella ricerca delle varie libertà e di unità, acquista dopo le dure lotte con il Barbarossa, non verrà mai meno.

▲ Carroccio da guerra a quattro ruote sul quale era montato un altare arricchito con un enorme vessillo coi colori di Milano, il carroccio era trainato diverse pariglie di buoi. Stampa ricavata dal volume "Il costume antico e moderno cavalieri in torneo" del Dott. Ferrario 1830 circa. Collezione Luca Cristini

CRONOLOGIA

1117-1128:	Guerra dei dieci anni tra Como e Milano
1122 circa:	Nascita di Federico Barbarossa
1128:	Distruzione delle mura di Como per opera dei milanesi
1152 febbraio:	Muore Corrado III
marzo:	Federico viene eletto e incoronato
1153:	Dieta di Costanza ed accordi con il Papato
1154 ottobre:	Prima discesa di Federico in Italia
dicembre:	Prima Dieta di Roncaglia
1155 febbraio:	Saccheggio di Asti
aprile:	Federico incoronato re d'Italia e Pavia
aprile:	Distruzione di Tortona
maggio:	Incontro con i giuristi bolognesi
giugno:	Incontro di Sutri tra Federico I e papa Adriano IV
giugno:	Incoronazione Imperiale di Federico I a Roma
luglio:	Distruzione di Spoleto
settembre:	Federico torna in Germania
1156 giugno:	Matrimonio tra Federico I e Beatrice di Borgogna
settembre:	Dieta di Ratisbona
1157 settembre:	Dieta di Wurzuburg
ottobre:	Dieta di Besançon
1158 luglio:	Seconda discesa di Federico e assedio di Brescia
agosto:	Ricostruzione di Lodi distrutta dai milanesi
agosto:	Distruzione di Brescia ed Assedio di Milano
settembre:	Resa di Milano
11 novembre:	Seconda Dieta di Roncaglia
1159 aprile:	Milano è dichiarata contumace e ribelle
luglio:	Assedio di Crema
28 settembre:	Federico recatosi all'isola Comacina ne ottiene il giuramento di fedeltà
settembre:	Concede ai comaschi la fortificazione della città
settembre:	Morte di Papa Adriano IV ed elezione di Alessandro III e Vittore IV
23 ottobre:	Lettera di Federico ai vescovi tedeschi sulla doppia elezione papale
1160 27 gennaio:	Distruzione di Crema
5 febbraio:	Concilio di Pavia, dove i vescovi presenti confermano Vittore IV
25 marzo:	Alessandro III scomunica Federico Barbarossa
luglio:	I milanesi distruggono i castelli di Parravicino, Erba, Corneno e Cesana
1160 9 agosto:	Sconfitta del Barbarossa a Carcano
1161 agosto:	Federico I inizia l'assedio di Milano

1162 marzo:	Resa di Milano
aprile:	Distruzione di Milano
ottobre:	Federico rientra in Germania
1163 ottobre:	Terza discesa di Federico I in Italia
1164 aprile:	Formazione della Lega Veronese
settembre:	Ribellione di Piacenza contro il rettore imperiale
ottobre:	Ritorno in Germania di Federico I
1165 maggio:	Dieta di Würzburg. L'imperatore giura che non riconoscerà mai come papa Alessandro III
dicembre:	Carlo Magno viene canonizzato in una solenne cerimonia a Aquisgrana
1166 ottobre:	Quarta discesa di Federico I in Italia
15 novembre:	Dieta di Lodi
1167 marzo:	Le città di Bergamo, Brescia, Cremona e Mantova si costituiscono in lega. Milano è chiamata a farne parte
7 aprile:	Data tradizionale per il giuramento di Pontida
maggio:	Assedio di Federico I alla città di Ancona
29 maggio:	Vittoria imperiale contro i romani nella battaglia di Monteporzio o Prataporci
1 agosto:	Incoronazione imperiale di Federico I a Roma
agosto:	La peste si diffonde nell'esercito imperiale a Roma
settembre:	Bando di Federico I contro la Lega Cremonese
1 dicembre:	La Lega Cremonese e la Lega Veronese si uniscono a fondare la Lega Lombarda
1168 marzo:	Federico I lascia l'Italia
aprile:	Fondazione di Alessandria
settembre:	Pasquale III muore, elezione di Callisto III da parte della fazione imperiale
1169 24 giugno:	Dieta di Bamberga, elezione del figlio dell'Imperatore, Enrico, a re dei romani
1171:	Gerardo da Mastegnanega completa la nuova cinta muraria di Milano riprendendo il tracciato di mastro Guitelmo
1173 aprile-ottobre:	Assedio di Ancona da parte imperiale
1174 settembre:	Quinta discesa di Federico in Italia
ottobre:	Inizio dell'assedio di Alessandria
1175 12 aprile:	Federico I abbandona l'assedio di Alessandria
16 aprile:	Trattative di pace a Montebello
1176 gennaio:	Incontro a Chiavenna tra Federico ed Enrico il Leone che rifiuta di dare aiuto all'imperatore
16 marzo:	Battaglia di Carseoli
10 aprile:	Muore l'arcivescovo di Milano Galdino, sarà proclamato santo dalla chiesa
29 maggio:	Battaglia di Legnano
ottobre:	Trattative di pace tra impero e papato ad Anagni

dicembre:	Accordi di pace separata tra l'imperatore e i comuni di Cremona e Tortona
1177 23 luglio:	Incontro a Venezia tra Federico I e Alessandro III. Riconciliazione tra i due
1178 30 luglio:	Ad Arles, in Borgogna, si tiene la solenne riconciliazione tra Federico e papa Alessandro III
1179:	Il papa crea il regno del Portogallo sottoposto a vincoli di vassallaggio con il papato
gennaio:	Dieta di Worms. Enrico il Leone è dichiarato nemico dell'impero, è la prima di una lunga serie di diete contro Enrico il Leone
5 marzo:	Terzo Concilio Lateranense. Si ratifica la pace con Federico di Svevia e si condannano le eresie
1181 30 agosto:	Muore papa Alessandro III. Lucio III è il nuovo pontefice
novembre:	Fine della guerra tra Federico I e Enrico il Leone. Quest'ultimo viene graziato ed esiliato in Inghilterra, mentre i suoi beni feudali sono confiscati
1183 14 marzo:	Viene riconosciuta la città di Alessandria da parte di Federico e ribattezzata Cesarea
25 giugno:	Pace di Costanza
1184 19 settembre:	Federico I è accolto a Milano
1185 febbraio:	Accordo di Federico I con Milano per lo sfruttamento delle regalie. I patti con la Lega vengono rinnovati per 30 anni. L'imperatore promette anche di ricostruire Crema
1186 26 gennaio:	Federico è di nuovo accolto festosamente a Milano per il matrimonio del figlio Enrico e Costanza d'Altavilla, celebrate nella basilica di Sant'Ambrogio
1189 maggio:	Barbarossa, alla testa di ventimila uomini, parte per la crociata in Terra Santa
18 novembre:	Guglielmo II di Sicilia muore senza lasciare eredi. I baroni del regno normanno eleggono re Tancredi per impedire al futuro Enrico VI di ottenere la corona
1190 10 giugno:	Morte di Federico Barbarossa
1194 26 dicembre:	Nasce a Jesi nelle Marche Federico II Hohenstaufen.
1197 28 settembre:	Muore l'imperatore Enrico VI.

BIBLIOGRAFIA

- F. Cardini, *Il Barbarossa*, Milano, Mondadori.

- P. Ariatta, G.C. Andenna e F. Cardini, *Il Barbarossa in Lombardia*, Novara, Jaca Book, 1997.

- J. FRANCE, *The battle of Carcano: the event and its importance*, "War in history", 6, 1999.

- P. Giudici, *Storia d'Italia*, Nerbini.

- *Storia Mondiale Cambridge*, (Vol. 33) Garzanti.

- *Storia d'Italia*, (Vol. 14) Einaudi.

- A. Barbero, C. Frugoni, *Dizionario del Medioevo*, Edizioni Laterza, 1994.

- A. Marieni, *Federico Barbarossa e la battaglia di Carcano-Tassera: Brianza 9 agosto 1160*, Erba PAM, 2005.

- A. Peruffo, I grandi Assedi, Newton Compton Editori, Roma, 2020.

- A. Peruffo, *Le battaglie più disastrose della storia*, Newton Compton Editori, Roma, 2022.

- L. Gaffuri, *Carcano e il Barbarossa*, [S.n.] 1992 (Giussano Grafiche Boffi).

- Alemanio Fino, *Storia di Crema*, Harvard College Library, 1918.

- A. Settia, *Rapine, assedi, battaglie*, Laterza, Roma-Bari, 2002.

- R. Rogers, *Latin Siege Warfare in the Twelfth Century*, Oxford Historical Monographs, 1992.

- P. Chiesa, *Le cronache medievali di Milano*, Pubblicazioni dell'Università Cattolica (Milano)

- François Menant, *Lombardia feudale: studi sull'aristocrazia padana nei secoli X-XIII*, Vita e Pensiero, Milano, 1992.

- *Carcano e il Barbarossa*, Atti del Convegno Internazionale di Studi (Regione Lombardia; Culture, Identità e Autonomie della Lombardia).

- C. Gravett, *German medieval armies 1000-1300*, Osprey Military, 1997.

- D. Nicolle, *Italian medieval armies 1000-1300*, Osprey Military, 2002.

- Lodovico Antonio Muratori, *Annali d'Italia*, Volume X.

- Giorgio D'Ilario, Egidio Gianazza, Augusto Marinoni, *Legnano e la battaglia*, Landoni, 1976.

- Grado Giovanni Merlo, *Alberto da Giussano: una leggenda nella storia*, Grafiche Boffi, 2001.

- Mariella Carpinello, *Alberto da Giussano: tra mito e storia*, Rusconi, Milano, 1993.

- Paolo Lunardon, *Il giuramento di Pontida*, Fratelli Pozzoni, Pontida, 1967.

- R. Wahl, Barbarossa. *I Comuni italiani e l'Impero germanico*, Res Gestae, 2020.

- *La Lombardia dei Comuni, Milano*, Civiltà di Lombardia, Electa, 1988.

INDICE

SOLDIERSHOP - COLLANA STORIA